리 스트로벨의
부활의 증거

The Case for the Resurrection

Originally published in the U.S.A. under the title: The Case for the Resurrection
Copyright © 2009 by Lee Strobel
Translation copyright © 2012 by Lee Strobel
Translated by Jongsuk Yoon
Published by permission of Zondervan, Grand Rapids, Michigan, U.S.A. through arrangement of rMaeng2, Seoul, Republic of Korea.

All rights reserved.

This Korean Edition Copyright © 2012 by Duranno Press, 95 Seobinggo-dong, Yongsan-gu, Seoul, Republic of Korea

이 한국어판의 저작권은 알맹2 에이전시를 통하여 Zondervan과 독점 계약한 두란노서원에 있습니다. 신 저작권법에 의하여 한국 내에서 보호받는 저작물이므로 무단 전재와 무단 복제를 금합니다.

리 스트로벨의 부활의 증거

지은이 | 리 스트로벨
옮긴이 | 윤종석
초판 발행 | 2012. 2. 20
12쇄 발행 | 2024. 3. 28
등록번호 | 제1988-000080호
등록된 곳 | 서울특별시 용산구 서빙고로65길 38
발행처 | 사단법인 두란노서원
영업부 | 02)2078-3333 FAX | 080-749-3705
출판부 | 02)2078-3330

책값은 뒤표지에 있습니다.
ISBN 978-89-531-1710-5 03230

독자의 의견을 기다립니다.
tpress@duranno.com   http://www.duranno.com

두란노서원은 바울 사도가 3차 전도 여행 때 에베소에서 성령 받은 제자들을 따로 세워 하나님의 말씀으로 양육하던 장소입니다. 사도행전 19장 8-20절의 정신에 따라 첫째 목회자를 돕는 사역과 평신도를 훈련시키는 사역, 둘째 세계선교(TIM)와 문서선교(단행본·잡지) 사역, 셋째 예수문화 및 경배와 찬양 사역, 그리고 가정·상담 사역 등을 감당하고 있습니다. 1980년 12월 22일에 창립된 두란노서원은 주님 오실 때까지 이 사역들을 계속할 것입니다.

리 스트로벨의
부활의 증거

리 스트로벨 지음 | 윤종석 옮김

두란노

contents

PART 1   나는 다 믿겠는데, 부활만은 못 믿겠어. 9
: 나는 부활을 믿지 않는다. 그것은 전설이거나 착각일 뿐이다.

PART 2   제자들이 다 짜고 조작한 것은 아닐까? 19
: 1세기 누가의 부활 취재기를 봐야 했다. 거짓말을 위해
사자 굴에서 순교할 사람은 없다.

PART 3   나에게 확실한 근거 자료를 보여 주시오! 53
: 21개월 간 추적한 2,200여 편의 자료에서
부활은 가능성이 아니라 사실이라고 말하고 있다.

PART 4   이제, 부활을 믿는 것은 당신의 몫이다! 73
: 항복! 그리고 그분을 만났다. 당신도 결정하라.
부활은 당신의 모든 것을 바꾸어 놓을 것이다.

부록   다른 세 복음서에는 부활이 어떻게 기록되어 있나 81

주 111

* 이 책에 실린 본문 성구는 「우리말 성경」(두란노)을 사용하였습니다.

PART 1

나는 다 믿겠는데, 부활만은 못 믿겠어.

: 나는 부활을 믿지 않는다.
그것은 전설이거나 착각일 뿐이다.

오랜 세월 나는 무신론자로 살았다. 젊어서부터 나는 신이 인간을 창조한 게 아니라 인간이 신을 창조했다고 단정했다. 죽음을 두려워하는 인간들이 막연한 희망이나마 얻어 보려고 자애로운 신과 행복한 천국을 지어낸 것이었다. 전지전능하고 사랑이 넘치는 창조주가 우주를 만들었다는 개념은, 나로서는 굳이 시간을 들여 알아볼 가치조차 없는 말짱 허튼소리에 지나지 않았다.

당연히 내게는 회의론자 기질이 있다. 언론학과 법학을 공부한 나는 다년간 〈시카고트리뷴〉(*The Chicago Tribune*)지의 법률 부서 편집자로 일했는데, 그 세계에서는 누구나 회의론을 자랑으로 여겼다. 우리는 누구의 말도 액면 그대로 받아들이지 않았고, 적어도 두 가지 증거를 확보해 사실관계를 확인한 후에야 지면에 실었다. 동료 편집자 하나가 자기 책상 앞에 붙여 둔 구호가 우리의 냉소주의를 잘 대변해 주었다. "어머니가 너를 사랑한다고 말해도 일단 확인해 보라!"

내 삶을 지배하는 도덕 기준이 없다 보니 내가 마음대로 도덕을 지어냈다. 나는 최대의 쾌락을 얻는 데 최고의 가치를 두었다. 그러다 보니 부끄러운 고백이지만 내 삶은 몹시 부도덕하고 술에 찌든 삶, 저속하고 자아도취에 빠진 삶, 심지어 자멸로 치닫는 삶이 되고 말았다.

내 안에는 분노가 부글부글 끓었다. 그때 누군가가 왜 그렇게 화가 났느냐고 물었다면 나도 설명하지 못했을 것이다. 하지만 돌아보면 나는 늘 완전한 도취와 최고의 쾌락을 좇고 있었다. 그런데 결국 모든 것이 쓰라린 실망으로 끝나곤 했다.

분노는 수시로 밖으로 터져 나왔다. 아내 레슬리(Leslie)와 싸우던 기억이 난다. 내가 홧김에 발길질을 하는 바람에 거실 벽에 구멍이 뚫렸다. 내 혈기는 아내와 어린 딸 앨리슨(Alison)을 눈물짓게 만들었다.

내 치부는 거기서 끝나지 않았다. 당시 두세 살가량이었던 앨리슨은 거실에서 장난감을 가지고 놀다가 내가 퇴근하여 현관에 들어서는 소리가 나면, 부리나케 장난감을 모아 들고 자기 방으로 들어가 문을 닫곤 했다. 어린 마음에도 이런 생각이 들었을 것이다. '아빠가 또 술에 취했을까? 또 벽에 발길질을 할까? 차라리 내 방에 있는 게 조용하고 좋아.' 정말 창피하지만 그게 나라는 인간이었다.

모든 문제를 푸는 열쇠

어느 날 오후, 아내가 중대 발표로 우리의 관계를 흔들어 놓았다. 한동안 영적으로 뭔가를 찾아본 결과 자기는 예수를 따르기로 결심했다는 것이었다. 나는 최악의 사태를 예견했으나 이후 몇 달 동안 아내의 성품과 가치관에 점차 긍정적인 변화가 나타났다. 마침내 아내가 어느 일요일에 함께 교회에 가자고 했을 때 나는 따라나섰다. 아내가 보여 준 변화에 감동한 탓도 있었고, 사이비 집단에 빠져 들고 있는 아내를 혹시라도 건져 낼 수 있을까 하는 생각도 있었다.

그날 아침 빌 하이벨스(Bill Hybels) 목사의 설교 제목은 때마침 "기독교의 기초"였는데, 기독교 신앙에 대한 나의 많은 오해를 산산이 부수며 충격에 빠뜨렸다. 잔뜩 호기심이 당긴 나는, 내가 전공한 언론학과 법학을 살려 일반 종교 특히 기독교가 과연 신빙성이 있는지를 체계적으로 조사해 보기로 했다. 그렇게 뛰어든 일이 결국 2년 가까이 걸린 영적 탐구로 이어졌다.

예수는 정말 다시 살아났는가, 아니면 그렇지 않은가? 내가 세상 모든 종교의 진위는 물론 인생 자체의 궁극적 의미도 이 한 가지 핵심 문제로 귀결된다는 결론에 도달하는 데는 오랜 시간이 걸리지 않았다. 이 근본적 질문에 답하면 모든 문제가 해결될 것이다.

어째서 그럴까? 예수께서는 자신이 하나님의 유일한 아들이라고 주장하셨기 때문이다. 예수의 제자 베드로의 목격담에 기초한 마가복음은 예수에 대하여 가장 일찍 기록된 전기인데, 이미 거기에서부터 예수께서는 자신을 인자(人子)라 부르고 계신다. 이 표현의 출처인 구약성경 다니엘 7장 13-14절에 보면, 인자는 신의 속성을 지닌 존재다. 인자는 성부 하나님의 존전에 있고, 권세와 영광과 주권적 능력을 가지고 있다. 인자는 모든 나라의 예배를 받으며, 세상이 끝날 때 와서 인류를 심판하고 영원히 다스릴 것이다. 다시 말해서, 자신이 인자라는 예수의 주장은 사실상 자신이

신이라는 주장이다.

요한복음 10장 30절에서 예수는 "나와 내 아버지는 하나다"라고 선언하신다. "본질상 하나"라는 뜻이다. 현장에서 듣고 있던 무리는 예수의 말을 어떻게 해석했을까? 그들은 "하나님을 모독했기 때문이오. 당신은 사람이면서 자신을 하나님이라고 했소"(요 10:33)라며 돌을 들어 예수를 죽이려 했다.

결국 대제사장이 예수께 단도직입적으로 물었다. "네가 찬송받으실 하나님의 아들, 그리스도냐?"(막 14:61). 예수의 입에서 나온 첫 대답은 더 이상 명확할 수가 없다. "내가 바로 그다." 역시 신이라 자처했다는 이유로 예수는 신성모독 죄를 선고받았다.

하지만 생각해 보라. 자신이 신이라는 주장은 아무나 할 수 있고 나도 할 수 있다. 진짜 문제는 그 주장을 뒷받침할 만한 근거가 있느냐는 것이다. 그런데 예수께서 신으로 자처했을 뿐만 아니라 죽은 지 사흘 만에 무덤에서 살아나셨다면, 그거야말로 예수의 말이 진실이라는 아주 설득력 있는 증거가 되지 않겠는가!

다시 말해서, 예수께서 정말 다시 살아나셨다면 이로써 자칭 신이라는 예수의 선언은 사실로 입증된다. 부활이 기독교 신앙의 핵심인 까닭도 거기에 있다. 사도 바울은 고린도전서 15장 17절에서 "만일 그리스도께서 살리심을 받지 못하셨다면 여러분의 믿음도 헛되고 여러분은 여전히 자신의 죄 가운데 있고"라고 말했다.

요컨대, 부활이 거짓이면 기독교도 허위가 되고 만다. 그러나 부활이 사실이면 세상의 어느 종교가 뭐라고 가르치든 예수는 하나님의 유일한 아들이시다. 그리고 그 사실이 모든 것을 바꾸어 놓는다.

누가, 1세기의 심층취재 기자

영적인 조사에 착수하면서 나는, 예수께서 사셨던 1세기의 목격담을 기초로 기록된 신약성경에 유익한 정보가 들어 있으리라는 생각을 했다. 나는 아직 신약성경을 신의 영감을 받은 기록물로 받아들일 수는 없었지만, 고대의 역사적 문헌집이라는 사실만은 부인할 수 없었으므로 일단 검토해 보지 않을 수 없었다. 역사가들이 요세푸스(Josephus)나 타키투스(Tacitus) 같은 고대 역사가들의 신빙성을 따져 보듯이, 그와 같은 방법들로 복음서와 신약성경 전체의 신빙성도 얼마든지 따져 볼 수 있는 문제였다.

특히 나는 누가복음과 사도행전 등 신약성경의 4분의 1을 쓴 누가의 저작에 호기심이 끌렸다. 의사이자 사도 바울의 동지였던 누가는 1세기의 심층 취재 기자라 할 수 있다. 그는 목격자들과 동참자들을 직접 인터뷰하여 예수의 삶, 가르침, 기적, 죽음, 부활과 관련하여 실제로 있었던 일들을 심혈을 기울여 종합한 것으로 보인다. 기자인 나로서는 누가가 복음서를 시작하는 방식이 특히 마음에 들었다.

> 많은 사람들이 우리 사이에 이루어진 사건들에 대해 기록하려고 했는데 그것은 처음부터 말씀의 목격자이며 일꾼이었던 사람들이 우리에게 전해 준 것과 같습니다. 존경하는 데오빌로님, 제 자신도 그 모든 사건을 처음부터 면밀히 조사해 당신을

위해 순서대로 써 보내는 것이 좋겠다는 생각이 들었습니다. 이는 당신이 전에 배우신 것이 틀림없는 사실임을 아시도록 하기 위해서입니다.[1]

시카고 대학교에서 박사학위를 받고 「고고학과 신약성경」(*Archaeology and the New Testament*)이라는 교과서를 집필하여 높은 평가를 받고 있는 존 맥레이(John McRay) 박사는 나에게 이렇게 말했다. "누가가 매우 용의주도한 역사가라는 점은 자유 진영, 보수 진영 할 것 없이 대체적으로 학자들 사이에서 일치된 의견입니다. 누가는 학식과 글재주 뛰어나며 그가 구사하는 그리스어는 그가 쓴 글의 품격을 높이고 있습니다. 문체를 보면 그가 교육받은 사람임을 알 수 있지요. 누가의 기록이 정확하다는 사실이 고고학의 여러 발견을 통하여 거듭 밝혀지고 있습니다."

처음에 학자들이 누가의 기록에서 어느 특정한 대목이 틀렸다고 결론지었다가, 나중에 고고학의 발견을 통해 맞는 것으로 밝혀진 경우가 실제로 여러 번 있었다.

예를 들어, 누가복음 3장 1절에 보면 AD 27년경에 루사니아가 아빌레네의 분봉 왕이었다고 되어 있다. 이 기록을 놓고, 오랫동안 학자들은 누가가 알지도 못하면서 잘못 쓴 증거라고 했다. 루사니아는 그로부터 반세기 전에 칼키스의 통치자였기 때문이다.

그러던 중에 고고학을 통하여 진상이 밝혀졌다. 맥레이는 이렇게 설명해 주었다. "티베리우스 황제 재위 기간인 AD 14-37년 사이의 한 비문이 나중에 발견되었는데, 거기에 누가의 기록대로 루사니아가 다마스쿠스 근방 아빌라의 분봉 왕이라고 나와 있습니다. 알고 보니 루사니아라는 정부 관리가 둘이었던 것입니다! 이로서 누가의 정확성이 또 한 번 입증되었습니다."

누가가 언급한 32개 나라, 54개 도시, 9개 섬을 조사해 보았더니 단 하나의 착오도 없었다는 연구 결과도 있다. 그래서 그 주제에 관한 어떤 책은 이런 결론을 내렸다. "누가의 기록이 역사적인 부분에서 이토록 한 치도 틀림없이 정확할진대, 우리가 무슨 논리적 근거로 본인에게는 물론 다른 사람들에게까지도 훨씬 더 중요한 부분에서 그가 엉성하거나 틀렸다고 단정할 수 있겠는가?"[2]

훨씬 더 중요한 부분이란 예컨대 예수의 부활 같은 것들인데, 누가는 예수의 부활이 "여러 가지 확실한 증거"(행 1:3)로 분명히 입증되었다고 말한다.

누가가 말하는 예수의 부활에 당신도 나만큼 흥미가 당기는가? 1세기에 실제로 있었던 일이 "틀림없는 사실임을 아시도록" 하기 위해 "순서대로 써 보내는" 그의 글에 호기심이 생기지 않을 사람이 누가 있겠는가?

다음에 나올 제2부는 누가복음 중에서도 예수께서 십자가에서 죽으시고 부활하신 일이 기록된 세 장을 발췌한 것이다.[3] 역사의 핵심 사건인 예수 부활에 관한 누가의 매혹적인 기록을 찬찬히 정독해 보기 바란다. 예수의 부활은 반드시 모든 것을 바꾸어 놓는다.

PART 2

제자들이 다 짜고 조작한 것은 아닐까?

: 1세기 누가의 부활 취재기를 봐야 했다.
거짓말을 위해 사자 굴에서 순교할 사람은 없다.

저자 누가. 이방인인 그는 의사였고 바울의 동료 선교사였다.
독자 데오빌로에게 썼지만 모든 신자를 목표로 했다.
시기 AD 60년대에서 80년대 사이에 썼다.
장소 누가는 이 복음서를 로마에서 썼을 수 있다.
가이사랴나 아가야나 에베소였을 가능성도 있다.

가룟유다의 배반과 마지막 만찬

22 유월절이라고도 하는 무교절이 다가왔습니다.

²대제사장들과 율법학자들은 예수를 없앨 방법을 모색하고 있었습니다. 그들은 백성들을 두려워했기 때문입니다.

³사탄이 그 열둘 중 하나인 가룟이라는 유다에게 들어갔습니다.

⁴유다는 대제사장들과 성전 경비대장들에게 가서 어떻게 예수를 그들에게 넘겨줄지를 의논했습니다.

⁵그들은 기뻐하면서 유다에게 돈을 주기로 약속했습니다.

⁶유다도 이에 동의하고 무리가 없을 때 예수를 그들에게 넘겨주려고 기회를 엿보고 있었습니다.

⁷유월절 양을 희생 제물로 잡는 무교절이 됐습니다.

⁸예수께서는 베드로와 요한을 보내며 말씀하셨습니다. "가서 우리가 유월절 음식을 함께 먹을 수 있도록 준비하라."

⁹그들이 물었습니다. "저희가 어디에서 준비하면 좋겠습니까?"

¹⁰예수께서 대답하셨습니다. "성안으로 들어가면 물동이를 메고 가는 사람을 만나게 될 것이다. 그가 들어가는 집으로 따라 들어가

¹¹그 집주인에게 '선생님께서 내 제자들

과 함께 유월절 음식을 먹을 방이 어디냐고 물으셨습니다'라고 말하라.
¹²그러면 그가 잘 정돈된 큰 다락방을 보여 줄 것이다. 그곳에서 준비하라."
¹³그들이 가서 보니 예수께서 말씀하신 그대로였습니다. 그래서 그들은 유월절 음식을 준비했습니다.
¹⁴시간이 되자 예수께서는 사도들과 함께 상에 기대어 앉으셨습니다.
¹⁵그러고는 그들에게 말씀하셨습니다. "내가 고난받기 전에 너희와 함께 유월절 음식 먹기를 간절히 원했다.
¹⁶내가 너희에게 말한다. 유월절이 하나님 나라에서 온전히 이루어질 때까지 내가 다시는 그것을 먹지 않을 것이다."
¹⁷그리고 예수께서는 잔을 들고 감사 기도를 드린 후 말씀하셨습니다. "이 잔을 받아 너희가 서로 나눠 마시라.
¹⁸하나님 나라가 올 때까지 내가 포도 열매에서 난 것을 마시지 않을 것이다."
¹⁹그리고 예수께서 빵을 들고 감사 기도를 드린 후 떼어 제자들에게 주면서 말씀하셨습니다. "이것은 내가 너희를 위해 주는 내 몸이다. 이것을 행해 나를 기념하라."
²⁰빵을 드신 후 예수께서 마찬가지로 잔을 들고 말씀하셨습니다. "이 잔은 너희를 위해 흘리는 내 피로 세우는 새 언약이다.
²¹그러나 보라. 나를 배반할 자의 손이 지

22:16 이루어질 때까지 예수께서 이번 유월절을 제자들과 함께 지키고 싶어 하신 것은, 이번을 끝으로 자신이 친히 "유월절 양"(고전 5:7)으로 죽임 당하여 희생 제사를 영원히 성취하실 것이기 때문이었다. 예수께서는 미래의 하나님 나라가 임하기까지 다시는 유월절 식사를 하지 않으신다. 신자들은 대대로 성찬식을 통하여 그분을 기리다가 그 후로 다시 그분과 직접 교제하게 되고, 결국 그 교제는 메시아와 함께할 성대한 "어린양의 결혼 잔치"(계 19:9)로 완성된다.

22:19 너희를 위해 주는 십자가에서 그분이 우리를 대신하여 희생 제물이 되실 것을 예고한다. **내 몸이다** 몸을 상징하거나 의미한다는 뜻이다. **나를 기념하라** 유월절은 하나님이 이스라엘을 이집트의 속박에서 구해 내신 사건을 계속 기억하며 선포하는 절기였다. 이처럼 우리는 예수의 이 명령을 지킴으로써 그분이 십자가의 속죄를 통해 신자들을 죄의 굴레에서 구하신 일을 기억하고 선포한다.

22:20 새 언약 선지자 예레미야(렘 31:31–34 참조)를 통해 주신 약속이다. 하나님의 구원의 은혜는 예수의 죽음("내 피로")을 통하여 온전히 시행되고 보증된다.

금 나와 함께 상 위에 있다.

²²인자는 정해진 대로 갈 것이지만 그를 배반하는 자에게는 화가 있을 것이다."

²³그들은 자기들 중 누가 이런 일을 하겠는가 하고 서로 묻기 시작했습니다.

섬김의 제자

²⁴제자들 사이에서 누구를 가장 높은 사람으로 볼 것인지를 놓고 다툼이 벌어졌습니다.

²⁵예수께서 그들에게 말씀하셨습니다. "이방 사람의 왕들은 자기 백성들을 다스리며 권세 부리는 자들은 자칭 '백성들의 은인'이라고 한다.

²⁶그러나 너희가 그래서는 안 된다. 오히려 너희 중 가장 큰 사람은 가장 어린 사람과 같이 돼야 하고 다스리는 사람은 섬기는 사람과 같이 돼야 한다.

²⁷누가 더 높은 사람이냐? 밥상 앞에 앉아 있는 사람이냐, 그를 시중 드는 사람이냐? 밥상 앞에 앉아 있는 사람이 더 높지 않느냐? 그러나 나는 섬기는 사람으로 너희 가운데 있다.

²⁸너희는 내가 시련을 겪는 동안 나와 함께한 사람들이다.

²⁹그러니 내 아버지께서 내게 나라를 맡겨 주신 것처럼 나도 너희에게 나라를 맡긴다.

³⁰너희는 내 나라 안에 들어와 내 밥상에 앉아 먹고 마시며 보좌에 앉아 이스라엘의 열두 지파를 심판하게 될 것이다.

베드로의 부인을 예고하심

³¹시몬아, 시몬아, 보아라. 사탄이 너희를 밀처럼 체질하겠다고 요구했다.

³²그러나 나는 네가 믿음을 잃지 않도록 너를 위해 기도했다. 네가 돌이키고 나면 네 형제들을 굳세게 하여라."

³³베드로가 대답했습니다. "주여, 저는 주와 함께라면 감옥이든 죽음이든 각오가 돼 있습니다."

³⁴그러나 예수께서 대답하셨습니다. "베드로야, 내가 네게 말한다. 오늘 닭이 울기 전에 네가 세 번 나를 모른다고 할 것이다."

³⁵그리고 예수께서 제자들에게 말씀하셨

22:29 나도 너희에게 나라를 맡긴다 뒤의 문맥(30절)으로 미루어 이 나라는 미래에 임할 하나님 나라를 가리킨다.

22:30 보좌에 앉아 그들은 예수의 시험에 동참했듯이 그분의 통치에도 동참하게 된다(딤후 2:12 참조). **심판하게** 이끌거나 통치한다는 뜻이다.

습니다. "지갑이나 가방이나 신발도 없이 내가 너희를 보냈을 때 너희에게 부족한 것이 있었느냐?" 그들이 대답했습니다. "전혀 없었습니다."

³⁶예수께서 그들에게 말씀하셨습니다. "그러나 지금은 지갑이 있으면 그것을 지니고 가방도 챙겨라. 그리고 만약 칼이 없으면 옷을 팔아서라도 하나를 사라.

³⁷내가 너희에게 말한다. '그는 무법자들과 한패로 여겨졌다'라고 기록된 말씀이 마땅히 내게 이루어져야 한다. 과연 나에 대해 기록된 말씀이 이제 이루어지고 있다."

³⁸제자들이 말했습니다. "주여, 보십시오. 여기 칼 두 자루가 있습니다." 예수께서 대답하셨습니다. "그것으로 충분하다."

올리브 산에서의 기도와 잡히심

³⁹예수께서 예루살렘 밖으로 나가 여느 때처럼 올리브 산으로 가시자 제자들도 따라갔습니다.

⁴⁰그곳에 도착하자 예수께서 그들에게 말씀하셨습니다. "너희가 시험에 빠지지 않도록 기도하라."

⁴¹예수께서는 제자들로부터 떨어져 돌 던지면 닿을 만한 곳으로 가서 무릎을 꿇고 기도하셨습니다.

⁴²"아버지여, 만일 아버지의 뜻이면 내게서 이 잔을 거두어 주십시오. 그러나 내 뜻대로 하지 마시고 아버지의 뜻대로 되게 하십시오."

⁴³그때 하늘로부터 천사가 나타나 예수께 힘을 북돋아 드렸습니다.

⁴⁴예수께서는 고뇌 속에서 더욱 간절하게 기도하셨습니다. 그러자 땀이 핏방울같이 돼 땅 위에 떨어졌습니다.

⁴⁵예수께서 기도를 마치고 일어나 제자들에게 가 보시니 그들은 슬픔에 지쳐 잠들어 있었습니다.

⁴⁶예수께서 그들에게 말씀하셨습니다. "왜 자고 있느냐? 일어나 시험에 들지 않도록 기도하라."

⁴⁷예수께서 아직 말씀하고 계실 때 한 무리의 사람들이 나타났습니다. 열두 제자 중 하나이며 유다라 불리는 사람이 그들을 이끌고 온 것입니다. 그가 예수께 가까이 다가와 입을 맞추었습니다.

22:37 무법자들과 한패로 여겨졌다 잠시 후면 예수께서 범죄자로 체포되어 성경의 예언을 성취하시게 된다. 아울러 제자들도 그분을 따랐다는 이유로 위험에 처하게 된다.
22:42 만일 아버지의 뜻이면 분명히 "아버지의 힘으로 가능하거든"이 아니다.
이 잔을 고난의 잔을 가리킨다(마 20:22; 막 14:36; 사 51:17; 겔 23:31 참조).

⁴⁸그러자 예수께서 그에게 물으셨습니다. "유다야, 네가 입맞춤으로 인자를 배반하려느냐?"

⁴⁹예수 곁에 있던 제자들이 돼 가는 일을 보고 예수께 "주여, 우리가 칼로 칠까요?"라고 물었습니다.

⁵⁰그러고는 그중 하나가 대제사장의 종의 오른쪽 귀를 잘라 버렸습니다.

⁵¹그러자 예수께서 대답하셨습니다. "그만둬라!" 그리고 그 종의 귀를 만져 고쳐 주셨습니다.

⁵²그리고 예수께서 자신을 체포하러 온 대제사장들과 성전 경비대장들과 장로들에게 말씀하셨습니다. "너희가 강도를 잡듯이 칼과 몽둥이를 들고 나왔느냐?

⁵³내가 날마다 성전에서 너희와 함께 있었으나 너희는 내게 손도 대지 않았다. 그러나 지금은 너희 때요, 어둠이 기세를 부릴 때다."

베드로가 예수를 부인함

⁵⁴그들은 예수를 잡아끌고 대제사장의 집으로 데려갔습니다. 그러나 베드로는 멀찌감치 떨어져 뒤따라갔습니다.

⁵⁵사람들이 마당 가운데 불을 지피고 함께 앉아 있는데 베드로도 그들 곁에 앉았습니다.

⁵⁶베드로가 불을 쬐고 앉아 있는 것을 본 한 하녀가 그를 빤히 노려보면서 말했습니다. "이 사람도 예수와 함께 있었습니다."

⁵⁷그러나 베드로는 부인하며 말했습니다. "여자여! 나는 그를 모르오."

⁵⁸조금 있으려니까 다른 어떤 사람이 베드로를 보고 말했습니다. "당신도 그들 중 하나였지?" 베드로가 말했습니다. "이 사람아! 난 아니란 말이오!"

⁵⁹한 시간쯤 지나 또 다른 사람이 "이 사람이 갈릴리 사람인 것을 보니 그와 함께 있었던 게 틀림없다"며 장담했습니다.

⁶⁰그러나 베드로가 말했습니다. "이 사람아! 나는 당신이 대체 무슨 말을 하는지 모르겠소!" 바로 그때 베드로의 말이 채 끝나기도 전에 닭이 울었습니다.

⁶¹주께서 돌아서서 베드로를 쳐다보셨습니다. 그러자 베드로는 "오늘 닭이 울기 전에 네가 나를 세 번 부인할 것이다" 하신 주의 말씀이 기억났습니다.

⁶²베드로는 밖으로 나가 한없이 울었습니다.

공회 앞에 서심

⁶³예수를 지키는 사람들이 예수를 조롱하고 때리기 시작했습니다.

⁶⁴그들은 예수의 눈을 가리고 물었습니다. "누가 때리는지 알아맞혀 보아라!"

⁶⁵사람들은 온갖 말로 예수께 모욕을 해

댔습니다.

⁶⁶날이 밝자 백성들의 장로들 곧 대제사장들과 율법학자들이 공회를 소집했고 예수께서 그들 앞에 끌려가셨습니다. ⁶⁷그들이 말했습니다. "네가 그리스도라면 그렇다고 우리에게 말해 보아라." 예수께서 대답하셨습니다. "내가 너희에게 말해도 너희는 믿지 않을 것이다. ⁶⁸또 내가 너희에게 물어보아도 너희는 대답하지 않을 것이다. ⁶⁹그러나 이제부터는 인자가 전능하신 하나님의 오른편에 앉게 될 것이다." ⁷⁰그러자 그들이 모두 물었습니다. "그러면 네가 하나님의 아들이란 말이냐?" 예수께서 대답하셨습니다. "내가 그라고 너희가 말하고 있다." ⁷¹그러자 그들이 말했습니다. "더 이상 무슨 증언이 필요하겠소? 우리가 직접 이 사람의 입에서 나오는 말을 들었으니 말이오."

빌라도와 헤롯에게 심문받으심

23 온 무리가 모두 일어나 예수를 빌라도에게 끌고 갔습니다. ²그리고 예수께 대한 고소가 시작됐습니다. "이 사람이 우리 민족을 어지럽게 하는 것을 보았습니다. 그는 가이사께 세금을 바치는 것을 반대하며 자칭 그리스도 곧 왕이라고 주장하고 있습니다."

³그러자 빌라도가 예수께 물었습니다. "네가 유대 사람의 왕이냐?" 예수께서 대답하셨습니다. "당신이 말하고 있소."

⁴그러자 빌라도는 대제사장들과 무리에게 말했습니다. "나는 이 사람에게서 아무런 죄목도 찾지 못하겠다."

⁵그러나 그들은 주장했습니다. "저 사람이 갈릴리에서 시작해 여기 예루살렘까

22:71 우리가 … 들었으니 말이오 예수의 대답에 대한 이 반응은 그분의 답변이 강한 긍정이었음을 확실히 보여 준다. 마가복음에는 단순히 "내가 바로 그다"(막 14:62)라고 되어 있다. 사람이 자칭 메시아요 하나님의 아들이라 하는 것은 신성모독이었다. 물론 그 주장이 사실이 아니라면 말이다.

23:2 우리 민족을 어지럽게 하는 것 큰 무리가 예수를 따랐으나 그분은 그들을 오도하거나 로마에 대항하게 만들지 않으셨다. **세금을 바치는 것을 반대하며.** 또 하나의 허위 고소다(20:25 참조). **자칭 그리스도 곧 왕이라고 주장하고 있습니다.** 예수께서 메시아로 자처하신 것은 맞지만 로마가 제거하려고 혈안이 되어 있던 정치적 왕이나 군사적 왕으로 자처하신 적은 없다.

지 유대 온 땅에서 가르치며 백성들을 선동하고 있습니다."

⁶이 말을 들은 빌라도는 이 사람이 갈릴리 사람이냐고 물었습니다.

⁷빌라도는 예수께서 헤롯의 관할에 속한 것을 알고 때마침 예루살렘에 와 있던 헤롯에게 예수를 보냈습니다.

⁸헤롯은 예수를 보고 매우 기뻐했습니다. 그는 오래전부터 예수를 만나고 싶었습니다. 헤롯은 예수에 대한 소문을 듣고 있었고 예수께서 어떤 기적 행하는 것을 보고 싶었기 때문입니다.

⁹헤롯이 많은 질문으로 물었지만 예수께서는 아무 대답도 하지 않으셨습니다.

¹⁰대제사장들과 율법학자들은 곁에 서서 예수를 격렬하게 고소했습니다.

¹¹그러자 헤롯과 그의 군인들은 예수를 조롱하고 모욕했습니다. 그러고는 예수께 화려한 옷을 입혀 빌라도에게로 돌려보냈습니다.

¹²헤롯과 빌라도가 전에는 원수처럼 지냈으나 바로 그날에 서로 친구가 됐습니다.

사형 선고를 받으시고 십자가에 못 박히심

¹³빌라도는 대제사장들과 지도자들과 백성들을 불러 모으고

¹⁴말했습니다. "이 사람이 백성들을 선동한다 해서 내게로 데려왔다. 하지만 너희 앞에서 신문한 결과 너희가 고소한 것 같은 죄목을 찾지 못하겠다.

¹⁵헤롯도 역시 죄목을 찾을 수 없어 그를 다시 우리에게 돌려보냈다. 이 사람은 사형당할 만한 죄를 저지르지 않았다.

¹⁶그러니 나는 이 사람을 매질이나 한 후에 풀어 주겠다."

¹⁷(없음)

¹⁸그러자 사람들은 일제히 "그 사람을 없애시오! 그리고 우리에게 바라바를 풀어 주시오!" 하며 큰 소리로 외쳤습니다.

¹⁹바라바는 성안에서 일어난 폭동과 살인으로 감옥에 갇혀 있는 사람이었습니다.

²⁰빌라도는 예수를 풀어 주고 싶어서 그들에게 다시 호소했습니다.

²¹그러나 그들은 계속해서 소리 질렀습니다. "그 사람을 십자가에 못 박으시오! 십자가에 못 박으시오!"

²²빌라도가 세 번째로 말했습니다. "도대체 그가 무슨 나쁜 일을 했다고 그러느냐? 나는 이 사람에게서 사형에 처할 아무런 죄를 찾지 못했다. 그래서 나는 그를 매질이나 해서 풀어 줄 것이다."

²³그러나 그들은 더욱 큰 소리로 예수를 십자가에 못 박으라고 요구했습니다. 그리고 그들의 소리가 이기고 말았습니다.

²⁴마침내 빌라도는 그들의 요구대로 하기로 결정했습니다.

²⁵빌라도는 그들의 요구대로 폭동과 살인으로 감옥에 갇혀 있던 바라바를 풀어 주고 예수는 그들의 뜻대로 하게 넘겨주었습니다.

²⁶그들이 예수를 끌고 가다가 시골에서 올라오고 있던 구레네 사람 시몬을 붙잡아 십자가를 대신 지게 하고 예수를 뒤따라가게 했습니다.

²⁷많은 사람들과 여자들이 큰 무리를 이루어 예수를 따라갔습니다. 여자들은 예수에 대해 슬퍼하며 통곡했습니다.

²⁸예수께서는 뒤돌아서 여자들에게 말씀하셨습니다. "예루살렘의 딸들아, 나로 인해 울지 말고 너희 자신과 너희 자녀들을 위해 울라.'

²⁹보라. 너희가 '임신하지 못하는 여인과 한 번도 아기를 갖지 못한 태와 한 번도 젖을 먹이지 못한 가슴은 복이 있다'고 말할 때가 곧 올 것이다.

³⁰그때 사람들이 산에다 대고 '우리 위에 무너져 내려라!' 하며 언덕에다 대고 '우리를 덮어 버려라!' 할 것이다.

³¹나무가 푸를 때도 사람들이 이렇게 하는데 하물며 나무가 마를 때에는 무슨 일이 일어나겠느냐?"

³²죄수들인 다른 두 사람도 사형을 받기 위해 예수와 함께 끌려갔습니다.

³³'해골'이라고 하는 곳에 이르자 그들은 예수를 십자가에 못 박고 두 죄수도 하나는 그 오른쪽에, 하나는 그 왼쪽에 못 박았습니다.

³⁴예수께서 말씀하셨습니다. "아버지, 저들을 용서해 주소서. 저들은 자기들이 하고 있는 일을 알지 못합니다." 그때 군인들은 제비를 뽑아 예수의 옷을 나눠 가졌습니다.

³⁵백성들은 서서 지켜보고 있었고 지도자들은 심지어 예수를 조롱하며 말했습니다. "이 사람이 다른 사람들은 구원했다지. 자기가 택하심을 입은 하나님의 그리스도라면 자기도 구원하라지."

³⁶군인들도 와서 예수를 조롱했습니다. 그들은 예수께 신 포도주를 들이대며

³⁷"네가 유대 사람의 왕이라면 어디 너 자신이나 구원해 보시지!"라고 말했습니다.

³⁸예수의 머리 위에는 "이는 유대 사람의 왕"이라고 적힌 패가 붙어 있었습니다.

³⁹십자가에 달린 죄수 중 하나가 예수를 모독하며 말했습니다. "네가 그리스도가 아니냐? 그러면 너와 우리를 구원해 보아라!"

23:34 예수의 옷을 나눠 처형당하는 사람의 소유물은 모두 처형 집행자들이 가졌다. 군인들(요 19:23-24 참조)은 자신도 모르게 시편 22편 18절 말씀을 성취하고 있었다.

⁴⁰그러나 다른 죄수는 그를 꾸짖으며 말했습니다. "너도 똑같은 십자가 처형을 받고 있으면서 하나님이 두렵지도 않으냐? ⁴¹우리는 우리가 저지른 짓이 있으니 마땅히 받을 벌을 받는 것이지만 이분은 잘못한 일이 아무것도 없다!"
⁴²그리고 말했습니다. "예수여, 당신의 나라에 들어가실 때 저를 기억해 주십시오."
⁴³예수께서 그에게 대답하셨습니다. "내가 진실로 네게 말한다. 오늘 네가 나와 함께 낙원에 있을 것이다."

장사 되심

⁴⁴정오쯤 돼 어둠이 온 땅을 뒤덮으니, *오후 3시까지 계속됐습니다.

⁴⁵해가 빛을 잃었고 성전의 휘장 한가운데가 찢어졌습니다.
⁴⁶예수께서 큰 소리로 부르짖으셨습니다. "아버지여, 제 영혼을 아버지의 손에 맡깁니다." 이 말씀을 하시고 나서 숨을 거두셨습니다.
⁴⁷백부장은 그 일어난 일을 지켜보고 하나님께 영광을 돌리며 말했습니다. "이분은 참으로 의로운 분이셨다."
⁴⁸구경하려고 몰려든 사람들도 모두 이 사건을 보고 가슴을 치며 돌아갔습니다.
⁴⁹그러나 예수를 알고 있던 모든 사람들과 갈릴리에서부터 예수를 따라왔던 여인들은 멀리 서서 이 일을 지켜보았습니다.
⁵⁰요셉이라는 유대 공회 회원이 있었는데

23:43 낙원 70인역(기독교가 시작되기 전에 그리스어로 번역된 구약성경)에서는 이 단어가 동산(창 2:8-10)이나 삼림(느 2:8 참조)을 가리켰으나 신약(이곳과 고후 12:4; 계 2:7에만 쓰였다)에서는 죽음과 부활 사이에 있는 복과 안식의 장소를 의미한다(눅 16:22; 고후 12:2 참조).

23:45 성전의 휘장 성소와 지성소 사이를 막고 있던 휘장을 가리킨다. 이 휘장이 찢어졌다는 것은 우리가 하나님께 직접 나아갈 수 있도록 예수께서 길을 여셨음을 상징한다(히 9:3, 8; 10:19-22 참조).

23:47 이분은 … 의로운 분이셨다 "이 사람은 그 의로우신 분이었도다"라고 옮길 수도 있다. 마태복음과 마가복음에는 백부장의 말이 "이분은 참으로 하나님의 아들이셨다"라고 되어 있다. "의로운 분"과 "하나님의 아들"은 사실상 같은 의미였을 것이다. 백부장의 의도가 둘 중 어느 쪽이었는지는 단정하기 어렵다. 그러나 복음서 저자들이 그의 선언을 예수께서 결백하시다는 증언으로 보았던 것만은 분명하다. 더구나 백부장은 십자가 형을 주관하는 로마 관리였으므로 그의 증언은 중요한 의미를 갖는다(4, 14-15, 22절과 마 27:23-24에 나오는 빌라도의 선언도 참조하라).

그는 선하고 의로운 사람이었습니다. ⁵¹(그는 공회 회원들의 결정과 행동에 찬성하지 않았습니다.) 그는 유대의 아리마대 마을 출신으로 하나님 나라가 오기를 기다리는 사람이었습니다.

⁵²그는 빌라도에게 가서 예수의 시신을 달라고 했습니다.

⁵³그는 십자가에서 시신을 내려 고운 삼베로 잘 싼 다음 바위로 만든 무덤에 모셨습니다. 이 무덤에는 아직 아무도 묻힌 적이 없었습니다.

⁵⁴그날은 안식을 준비하는 날이었고, 이제 곧 있으면 안식일이었습니다.

⁵⁵갈릴리에서부터 예수와 함께 왔던 여인들이 요셉을 따라가 무덤과 그 안에 예수의 시신이 어떻게 안장됐는지를 보았습니다.

⁵⁶그리고 그들은 집으로 돌아가 향품과 향유를 준비했습니다. 그러고 나서 계명을 따라 안식일에 쉬었습니다.

부활하심

24 그 주의 첫날 이른 새벽에 여인들은 준비한 향품을 가지고 무덤으로 갔습니다.

²그런데 무덤 입구를 막은 돌덩이가 굴려져 있는 것을 발견했습니다.

³그래서 그들이 안으로 들어가 보니 주 예수의 시신이 없었습니다.

⁴그들이 이 일에 대해 어찌해야 할지 몰라 당황하고 있는데 빛나는 옷을 입은 두 사람이 갑자기 그들 곁에 섰습니다.

⁵여인들은 너무 무서워 얼굴을 땅에 대고 엎드렸습니다. 그러자 그 사람들이 말했습니다. "살아 계신 분을 왜 죽은 사람들 사이에서 찾고 있느냐?

⁶그분은 여기 계시지 않고 살아나셨다! 예수께서 갈릴리에서 너희와 함께 계실 때 하신 말씀을 기억해 보라.

⁷'인자가 마땅히 죄인의 손에 넘겨져 십자가에 못 박히고 3일째 되는 날에 다시 살아나야 한다'고 하시지 않았느냐?"

⁸여인들은 예수의 말씀을 기억했습니다.

⁹여인들은 무덤에서 돌아와 열한 제자들과 다른 모든 사람들에게 이 사실을 모두 알렸습니다.

¹⁰(그들은 막달라 마리아, 요안나, 야고보의 어머니 마리아였습니다. 그들과 함께

23:52 처형당한 범죄자의 시체는 대개 매장되지 못하거나 기껏해야 공동묘지에 대충 수습되었다. 어머니 등 가까운 친지가 시신을 요구할 수는 있었으나, 산헤드린 의원인 요셉이 예수의 시신을 달라고 한 것은 용감한 행위였다.

있었던 다른 몇몇 여인들도 이 일을 사도들에게 말했습니다.)

¹¹그러나 사도들은 여인들의 말이 어처구니없게 들렸으므로 그 말을 믿지 않았습니다.

¹²하지만 베드로는 일어나 무덤으로 달려갔습니다. 몸을 굽혀 안을 들여다보니 고운 삼베 천만 놓여 있었습니다. 그는 이상하게 생각하며 돌아갔습니다.

엠마오 제자에게 나타나심

¹³바로 그날 그들 중 두 사람이 예루살렘에서 약 60스타디온 남짓 떨어져 있는 엠마오라는 마을로 가는 중이었습니다.

¹⁴그들은 일어난 이 모든 일에 대해 서로 이야기하고 있었습니다.

¹⁵그들이 이야기하며 토론하고 있는데 예수께서 가까이 가서 그들과 함께 걸어가셨습니다.

¹⁶그러나 그들은 눈이 가려져서 예수를 알아보지 못했습니다.

¹⁷그분께서 그들에게 물으셨습니다. "당신들이 걸어가면서 서로 주고받는 이 말이 무슨 이야기요?" 그들은 슬픈 기색으로 가던 길을 멈추어 섰습니다.

¹⁸그중 글로바라는 사람이 그분께 물었습니다. "예루살렘에 있으면서 최근 일어난 일을 혼자만 모르신단 말씀입니까?"

¹⁹그분이 물으셨습니다. "무슨 일이오?" 그들이 대답했습니다. "나사렛 예수에 관한 일 말입니다. 그분은 하나님과 모든 백성들 앞에서 행동과 말씀에 능력이 있는 예언자셨습니다.

²⁰그런데 우리 대제사장들과 지도자들이 그분을 넘겨주어 사형선고를 받게 했고 십자가에 못 박았습니다.

²¹그러나 우리는 이스라엘을 구속해 주실 분이 바로 그분이라고 바라고 있었습니다. 그뿐 아니라 그런 일이 있은 지 벌써 3일째 됐는데

²²우리 중 몇몇 여인들이 우리를 놀라게 했습니다. 그들이 아침 일찍 무덤에 갔다가

²³그분의 시신을 찾지 못하고 돌아와서 천사들의 환상을 보았다고 했습니다. 그리고 그 천사들이 예수께서 살아 계신다고 말했다는 것입니다.

²⁴그래서 우리 동료 몇 사람이 무덤으로 가 보았더니 그 여인들이 말한 대로 그분을 볼 수 없었다는 것입니다."

²⁵예수께서 그들에게 말씀하셨습니다. "어리석고 예언자들이 말한 모든 것을 마음에 더디게 믿는 사람들이여!

²⁶그리스도께서 마땅히 이런 고난을 겪고서 자기 영광에 들어가야 할 것이 아니냐?"

²⁷그리고 예수께서는 모세와 모든 예언자들로부터 시작해 성경 전체에서 자기에

관해 언급된 것을 그들에게 자세히 설명해 주셨습니다.

²⁸그들이 가려던 엠마오 마을에 다다르자 예수께서는 더 가시려고 했습니다.

²⁹그러자 그들이 예수를 한사코 말렸습니다. "저녁이 다 됐으니 여기서 우리와 함께 계시지요. 날이 다 저물었습니다." 그래서 예수께서 그들과 함께 묵으려고 집에 들어가셨습니다.

³⁰예수께서 그들과 함께 상에 기대어 앉아 빵을 들고 감사 기도를 드린 후 떼어 그들에게 나눠 주셨습니다.

³¹그제야 그들의 눈이 열려 예수를 알아보았습니다. 그러나 곧 예수께서 그들의 눈앞에서 사라지셨습니다.

³²그들이 서로 물었습니다. "길에서 그분이 우리에게 말씀하시고 성경을 풀어 주실 때 우리 마음이 뜨거워지지 않았느냐?"

³³그들이 즉시 일어나 예루살렘으로 돌아갔습니다. 가서 보니 거기에는 열한 제자가 다른 사람들과 함께 모여 있었습니다.

³⁴이들이 말했습니다. "주께서 참으로 살아나셨고 시몬에게 나타나셨다!"

³⁵그러자 그 두 사람도 길에서 있었던 일과 예수께서 빵을 떼어 주실 때 그들이 그분을 알아본 일을 이야기해 주었습니다.

열한 제자들에게 나타나심

³⁶그들이 아직 이런 이야기를 하고 있을 때 예수께서 바로 그들 사이에 나타나셔서 말씀하셨습니다. "너희에게 평화가 있으라."

³⁷그들은 유령을 본 줄 알고 놀라며 무서워했습니다.

³⁸예수께서 그들에게 말씀하셨습니다. "어째서 두려워하며 마음에 의심이 일어나느냐?

³⁹내 손과 내 발을 보라. 바로 나다! 나를 만져 보고 쳐다보라. 유령은 살과 뼈가 없다. 그러나 너희가 보다시피 나는 있지 않느냐?"

⁴⁰예수께서는 이렇게 말씀하시고 그 손과 발을 보여 주셨습니다.

⁴¹그들은 너무 기쁘고 놀라워 오히려 믿기지 않았습니다. 그때 예수께서 그들에게 물으셨습니다. "여기에 먹을 것이 좀 있느냐?"

⁴²그들은 구운 생선 한 토막을 갖다 드렸습니다.

⁴³그러자 예수께서는 그들 앞에서 생선을 가져다가 잡수셨습니다.

⁴⁴예수께서 그들에게 말씀하셨습니다. "내가 전에 너희와 함께 있을 때 모세의

24:27 모세와 모든 예언자. 구약성경 전체를 가리키는 말이다(16:16, 29 참조).

율법과 예언서와 시편에서 나에 대해 기록된 모든 일이 마땅히 이루어져야 한다고 너희에게 말한 것이 바로 이것이다."
⁴⁵그리고 예수께서 그들의 마음을 열어 성경을 깨닫게 해 주셨습니다.
⁴⁶예수께서 그들에게 말씀하셨습니다. "이렇게 기록돼 있다. 그리스도께서 고난을 겪고 3일째 되는 날 죽은 사람들 가운데서 살아날 것이며
⁴⁷또 예루살렘으로부터 시작해 모든 민족에게 그의 이름으로 죄 용서를 받게 하는 회개가 전파될 것이다.

부탁하시고 승천하심
⁴⁸너희는 이 일들의 증인이다.
⁴⁹보라. 내가 내 아버지께서 약속하신 것을 너희에게 보낸다. 그러므로 너희는 위로부터 내려오는 능력을 입을 때까지 예루살렘에 머물러 있으라."
⁵⁰예수께서 제자들을 이끌고 베다니 앞에까지 가시더니 거기서 두 손을 들고 그들에게 복을 주셨습니다.
⁵¹예수께서는 제자들에게 복을 주시는 중에 그들을 떠나 [하늘로 들려 올라가셨]습니다.
⁵²그러자 그들은 [예수께 경배하며] 기쁨에 넘쳐 예루살렘으로 돌아가
⁵³하나님을 찬양하면서 계속 성전에 있었습니다.

24:44 모세의 율법과 예언서와 시편 히브리 구약성경의 세 부분이다(시편은 문학 작품으로 일컫는 세 번째 부분의 가장 대표적인 책이다). 이 말은 그리스도(메시아)가 구약성경 전체에 예언되어 있음을 보여 준다.

24:46 고난을 겪고 3일째 되는 날 죽은 사람들 가운데서 살아날 것 고린도전서 15장 3-4절을 참조하라. 구약성경에 메시아는 고난을 받고(사 53장 참조) 사흘 만에 죽은 자 가운데서 살아날 분(시 16:8-11과 행 2:23-33을 비교, 사 53:10-11 참조, 요 1:17과 마 12:40을 비교)으로 묘사되어 있다.

24:47 죄 용서를 받게 하는 회개 사도행전 5장 31절, 10장 43절, 13장 38절, 26장 18절을 참조하라. 그리스도께서 죽으시고 부활하실 것이라는 예언(46절)에, 인간에게 꼭 필요한 반응(회개)과 그로 인한 유익(죄 사함, 사 49:6; 행 13:47; 26:22-23 참조)이 함께 맞물려 나온다.

24:49 내 아버지께서 약속하신 것 요엘 2장 28-32절을 참조하라. 장차 오실 성령의 능력을 가리키는 말로, 사도행전 2장 4절에서 성취된다(행 2:17-22 참조).

1 삶의 의미란 무엇인가?

THE CASE FOR FAITH
Luke 22:14-20

빵을 드신 후 예수께서 마찬가지로 잔을 들고 말씀하셨습니다. "이 잔은 너희를 위해 흘리는 내 피로 세우는 새 언약이다"(눅 22:20)

> 이 잔은 너희를 위해 흘리는 내 피로 세우는 새 언약이다. _누가복음 22:20

기독교가 인류에 가장 크게 기여한 것은 "기쁜 소식" 곧 복음이다. 성경의 핵심 메시지인 복음은 우리를 향한 하나님의 사랑을 보여 준다. 그 사랑 때문에 예수께서 피를 흘리시고 우리를 구속(救贖)하셨다. 우리의 죄 문제, 외로움의 문제, 하나님으로부터 소외된 문제를 마침내 그분이 단번에 해결하셨다. 친히 속죄의 죽음과 부활을 통하여 예수께서는 자신을 따르는 모든 사람에게 천국 문을 열어 주셨다.

바로 그 진리로 기독교는 삶의 의미를 계시해 준다. 이 계시가 아니라면 삶의 의미를 느끼기가 아주 어렵다. 결국 당신도 「시지프스의 신화」(*The Myth of Sisyphus*)의 첫 머리에 이렇게 쓴 알베르 카뮈처럼 되고 만다. "나를 비롯해서 인간이 자살하지 말아야 할 이유는 무엇인가?"

요컨대 기독교가 그 이유를 설명해 준다. 예수께서는 우리를 자유롭게 하시려고 자진하여 우리 죄의 형벌을 치르시고 십자가에서 죽으셨다. 우리를 향한 하나님의 그 깊은 사랑 때문에 우리는 건강하고 뜻 깊은 방식으로 그분과는 물론 다른 사람들과도 관계를 맺을 수 있다.

_ 존 D. 우드브리지 박사와의 인터뷰에서

2 땀이 핏방울처럼 될 수 있는가?

THE CASE FOR THE BIBLE
Luke 22:39-44

누가복음에는 예수께서 체포되시기 직전에 고뇌하며 흘리신 땀이 "핏방울같이 돼 땅 위에 떨어졌습니다"라고 기록되어 있다.

> 예수께서는 고뇌 속에서 더욱 간절하게 기도하셨습니다. 그러자 땀이 핏방울같이 돼 땅 위에 떨어졌습니다. _누가복음 22:44

의사 누가는, 예수께서 하도 땀을 비 오듯 흘려 마치 환부에서 흐르는 피처럼 보였다는 의미로 그렇게 썼을 수도 있다. 하지만 예수께서 말 그대로 핏방울을 흘리셨을 수도 있을까?

의학박사이면서 성경학자인 알렉산더 메드럴(Alexander Metherell)은 그것이 가능한 일이라고 말한다. "의학적으로 그 상태를 혈한증(血汗症)이라고 한다. 아주 흔한 일은 아니지만 극도의 심리적 스트레스와 상관이 있다. 불안이 극에 달하면 화학 물질이 분비되면서 땀샘의 모세혈관이 터진다. 그 결과 소량의 피가 땀샘에 스며들어 땀이 핏빛으로 변한다. 많은 피는 아니고 극히 소량이다."

_ 알렉산더 메드럴 박사와의 인터뷰에서

3 예수께서는 왜 자진해서 죽음을 택하셨을까?

THE CASE FOR CHRIST
Luke 22:47-53

예수께서 자신을 체포하러 온 대제사장들과 성전 경비대장들과 장로들에게 말씀하셨습니다. "너희가 강도를 잡듯이 칼과 몽둥이를 들고 나왔느냐?"

예수께서는 일부러 배신자에게 몸을 내주시며 저항 없이 체포되셨다. 재판받으실 때

> 너희가 강도를 잡듯이 칼과 몽둥이를 들고 나왔느냐? 내가 날마다 성전에서 너희와 함께 있었으나 너희는 내게 손도 대지 않았다. 그러나 지금은 너희 때요, 어둠이 기세를 부릴 때다. _누가복음 22:52-53

도 그분은 자신을 변호하지 않으셨고 치욕적이고 고통스러운 고문을 기꺼이 당하셨다. 도대체 무슨 동기로 한 인간이, 그것도 무죄하신 분이 이런 형벌을 잠자코 당하신 것일까?

예수께서는 일이 이렇게 될 것을 이미 알고 계셨다. 그분이 자진해서 고통을 감수하신 것은 그것만이 우리를 구원하실 수 있는 유일한 길이기 때문이다. 우리가 하나님께 반항한 죄로 마땅히 당해야 할 죽음의 형벌을 그분이 대신하여 당하신 것이다. 본래 그분은 그 사명을 이루시려고 이 땅에 오셨다. 그러므로 그분이 무슨 동기로 그러셨는지 궁금하다면 그 답은 한 단어로 압축될 수 있다. 바로 사랑이다.

_알렉산더 메드럴 박사와의 인터뷰에서

4 예수께서는 십자가에서 정말 죽으셨는가?

예수께서 큰 소리로 부르짖으셨습니다. "아버지여, 제 영혼을 아버지의 손에 맡깁니다." 복음서를 읽는 냉소주의자들은 예수께서 정말 죽었다고 판정한 로마인들의 전문성에 이의를 제기할 때가 있다. 그 군인들은 의학과 해부학에 대한 지식이 미흡했으니, 예수께서 운명하셨다는 그들의 선고가 착오가 아닌지 우리가 어떻게 믿느냐는 것이다.

> 아버지여, 제 영혼을 아버지의 손에 맡깁니다. 이 말씀을 하시고 나서 숨을 거두셨습니다. _누가복음 23:46

그 군인들은 비록 의학을 전공하지는 않았지만 사람을 죽이는 일에 전문가였다. 그것이 그들의 보직이었고, 그들은 그 일을 아주 잘 해냈다. 그들은 사람이 죽어 있는 상태를 정확히 알았다. 사실 그것은 분간하기 어려운 일도 아니다.

게다가 만일 죄수가 살아서 도주하기라도 했다가는 처형을 맡았던 군인들 자신이 죽어야 했다. 그러니 그들에게는 죄수를 십자가에서 내릴 때 확실히 죽어 있는지 일일이 확인해야 할 엄연한 이유가 있었다.

_알렉산더 메드럴 박사와의 인터뷰에서

5 예수께서 십자가에 달리셨을 때 정말 온 땅에 어둠이 임했을까?

신약성경에서 가장 문제가 되는 대목 중 하나는 예수께서 십자가에 달리셨을 때 한동안 온 땅이 어두워졌다는 복음서 저자들의 주장이다. 혹시 이것은 역사 속에 실제로 벌어진 사건을 가리키는 말이라기보다 그냥 십자가 사건의 중요성을 강조하려는 문학적 기법이 아니었을까? 과연 온 땅에 어둠이 임했다면 이 희한한 사건이 성경 이외에도 적어도 몇 군데에는 언급되어 있을 만도 하지 않은가?

부활에 관한 세계 최고의 전문가 중 하나로 꼽히는 게리 하버마스(Gary Habermas) 박사는 탈루스(Thallus)라는 역사가를 소개했다. 탈루스는 AD 52년에 트로이 전쟁 이후의 지중해 동부 세계의 역사를 기록한 사람이다. 탈루스의 책은 비록 유실되었지만 AD 221년경에 율리우스 아프리카누스(Julius Africanus)의 책에 인용되었는데, 그 안에 복음서에 기록된 어둠이 언급되어 있다!

역사가 에드윈 M. 야마우치(Edwin M. Yamauchi) 박사는 이렇게 설명한다. "이 대목에서 율리우스 아프리카누스는 '탈루스는 자신의 역사서 제3권에 그 어둠이 일식 때문이라고 설명했으나 내가 보기에는 근거가 없다'라고 썼다. 이렇듯 탈루스는 예수께서 십자가에 달리시던 시점에 과연 어둠이 있었음을 확인해 주면서 그것을 일식 탓으로 추정했다. 그러나 아프리카누스는 십자가 사건의 시점으로 보아 일식이었을 리 없다고 주장한다."

역사가 폴 메이어(Paul Maier) 박사는 1968년에 펴낸 저서 「본디오 빌라도」의 각주에 이 어둠에 대해 이렇게 썼다.

> 때가 제육시쯤 되어 해가 빛을 잃고 온 땅에 어둠이 임하여 제구시까지 계속하며 성소의 휘장이 한가운데가 찢어지더라. _누가복음 23:44-45

> 이 현상은 로마와 아테네를 비롯한 지중해변의 여러 도시에서 분명히 관측되었다. 터툴리안(Tertullian)에 따르면 … 그것은 "우주적" 또는 "세계적 사건"이었다. AD 137년 직후에 연대기를 편찬한 카리아 출신의 그리스 작가 플레곤(Phlegon)은 202회 올림피아기(紀) 제4년(AD 33년에 해당)에 "최대의 일식"이 벌어져 "낮 여섯 시(지금의 정오)에 밤이 되었고 하늘에 별까지 떴다. 비티니아에 큰 지진이 있었고 니케아에서도 많은 것들이 쓰러졌다"고 전했다.

야마우치는 이렇게 결론을 맺는다. "폴 메이어가 지적하듯이 예수께서 십자가에 달리셨을 때 발생한 어둠은 이처럼 성경 외적인 문헌들로도 입증되고 있다. 아마도 일각에서는 그 원인을 자연계에서 찾으려고 일식을 꼽았던 것 같다."

_에드윈 M. 야마우치 박사와의 인터뷰에서

6 예수의 무덤은 안전했는가?

THE CASE FOR CHRIST
Luke 23:50-56

예수의 무덤은 얼마나 안전했을까? 고고학자들은 그동안 발굴된 1세기의 여러 유적을 통하여 예수의 무덤이 어떻게 생겼을지 추정할 수 있었다.

우선 낮은 입구 쪽으로 경사진 홈을 파서, 그 홈을 따라 커다란 원반형 돌을 굴려 입구

> 그는 빌라도에게 가서 예수의 시신을 달라고 했습니다. 그는 십자가에서 시신을 내려 고운 삼베로 잘 싼 다음 바위로 만든 무덤에 모셨습니다. 이 무덤에는 아직 아무도 묻힌 적이 없었습니다.
> _누가복음 23:52-53

의 턱에 끼웠을 것이다. 그 다음에 작은 돌로 원반형 돌을 고정시켰다. 홈을 따라 큰 돌을 굴려 내려가기는 쉬웠겠지만 무덤을 열려고 다시 돌을 위로 굴리려면 장정 몇이 필요했을 것이다. 즉 예수의 무덤은 매우 안전했다.

무덤 입구에 두는 돌의 물리적 무게 외에도, 경비병들이 무덤 주위를 지켰다고 마태는 말한다. 마태복음을 보면, 경비병들이 대제사장들에게 예수의 부활을 알리자 그들은 경비병들에게 돈을 주면서 제자들이 큰 돌을 굴리고 시신을 훔쳐갔다고 말하라고 시켰다(마 28:11-15 참조).

물론 제자들은 실제로 시신을 가져갈 동기도, 방법도, 기회도 없었다. 어째서 그들이 그런 일을 하고는 뻔히 거짓인 줄 알면서 그것을 위해 죽음까지도 불사하겠는가? 오히려 대제사장들이 이야기를 꾸며 냈다는 사실이 첫 부활절 새벽에 예수의 무덤이 정말 비어 있었음을 암시해 준다.

_윌리엄 레인 크레이그 박사와의 인터뷰에서

7 엠마오로 가는 길에 나타나신 예수

THE CASE FOR
CHRIST
Luke 24:13-35
CASE NO. 42024013

일부 회의론자들은 예수가 정말 죽지 않고 용케 십자가의 고통을 이겨 냈다고 본다. 하지만 회의론자들의 말이 맞다고 가정해 보자. 용케 십자가의 고통을 이겨 내신 예수

> 그제야 그들의 눈이 열려 예수를 알아보았습니다. 그러나 곧 예수께서 그들의 눈앞에서 사라지셨습니다.
> _누가복음 24:31

께서 세마포를 풀고 무덤 입구의 큰 돌을 굴려 내신 다음, 로마 경비병들 곁을 빠져나오신다. 하지만 의학적으로 말해서, 못 박혀 있던 그분의 발은 걸어 다닐 상태가 못 되었을 것이다. 엠마오까지의 먼 길을 유유히 걸으실 수 없었을 것이다. 잊지 말라, 그분의 두 팔은 양쪽으로 잡아당겨 탈골되었고, 등은 온통 상처투성이에 허리에는 창에 찔린 상처가 있었다. 이렇게 만신창이가 된 몸으로는, 제자들에게 감화를 끼쳐 세상에 나가서 그분에 대해 무덤을 이기신 승리의 주라고 선포하게 하실 수 없었을 것이다.

엄청난 출혈 그리고 외상과 더불어어 그토록 끔찍한 모욕으로 고통받은 후 예수는 정말 비참해 보였을 것이고, 그런 그분을 제자들은 죽음을 이기신 정복자로 환호하지 않았을 것이다. 오히려 그들은 그분이 측은하게 느꼈을 것이다. 그런 처참한 몰골로 나타나신 예수를 보고, 제자들이 언젠가 자기들도 똑같은 부활의 몸을 얻으리라는 희망을 품게 되었고 세계적인 운동에 착수하고 싶어졌을 거라고 생각하는가. 그렇다면 그것은 터무니없는 착각이다. _알렉산더 메드럴 박사와의 인터뷰에서

8 부활에 관한 사복음서의 기사들은 서로 모순되는가?

부활에 관한 마태복음, 마가복음, 누가복음, 요한복음의 기사들을 무심코 읽다 보면 기록된 사실에 몇 가지 차이점이 보인다. 현대 독자들은 그것을 모순으로 보고 때로 놀라지만, 역사가들은 거기에 개의치 않는 편이다. 모든 차이점은 결국 부차적이고 지엽적인 내용에 지나지 않기 때문이다.

어느 복음서의 기록을 보나 핵심 이야기는 같다. 아리마대 요셉이 예수의 시신을 가져다 무덤에 두었고, 예수를 따르던 여자들 중 하나나 혹은 그 이상이 십자가 사건이 있은 후 일요일 새벽에 무덤에 갔는데 무덤이 비어 있었다. 그리고 한 천사 또는 두 천사가 그들에게 나타나 예수께서 부활하셨음을 알렸다. 여자의 숫자와 이름이라든가 새벽녘의 정확한 시각이라든가 천사의 숫자 등에 서로 차이가 있기는 하지만, 공통된 핵심 이야기만은 얼마든지 그대로 믿어도 좋다. 현대의 대다수 신약학자들도 핵심 이야기에 대해서는 이견이 없을 것이다.

케임브리지의 트리니티 대학 평의원이자 에든버러 대학교 교수로 평소에 회의적 성향이 강한 역사가 마이클 그랜트(Michael Grant)도 자신의 저서 「역사가가 검토한 사복음서」(*Jesus: An Historian's Review of the Gospels*)에서 이렇게 인정했다. "빈 무덤을 발견한 사건이 복음서마다 다르게 기술되어 있는 것은 사실이다. 하지만 다른 모든 고대 문헌에 적용하는 기준들을 여기에도 똑같이 적용한다면, 무덤이 정말 비어 있었다는 결

THE CASE FOR
FAITH
Luke 24:1-53

CASE NO. 42024001

론이 불가피할 만큼 증거가 확실하고 타당하다."

빈 무덤에 관한 이야기들이 서로 차이를 보인다는 것은 그만큼 그 사건을 독자적으로 인정하는 사람들이 복수로 존재한다는 뜻이다. 간혹 "마태와 누가가 마가의 글을 그냥 표절했다"고 말하는 사람들도 있지만, 각자의 이야기를 자세히 검토해 보면 그렇지 않다. 보여지는 차이점을 통해 설령 마태와 누가가 마가의 기록을 알고 있었다 해도 그들에게 별도의 독자적 정보도 있었음을 알 수 있다.

> 여인들은 무덤에서 돌아와 열한 제자들과 다른 모든 사람들에게 이 사실을 모두 알렸습니다. (그들은 막달라 마리아, 요안나, 야고보의 어머니 마리아였습니다. 그들과 함께 있었던 다른 몇몇 여인들도 이 일을 사도들에게 말했습니다.) _ 누가복음 24:9-10

이처럼 독자적인 기록들이 복수로 존재하는데 지엽적인 차이 때문에 그 증거를 무시할 역사가는 아무도 없다. 성경 바깥의 예로, 한니발이 로마를 공격하려고 알프스를 넘었던 일을 생각해 보라. 이 사건에 대해 서로 양립할 수 없고 맞물리지 않는 두 가지 역사 기록이 존재한다. 하지만 고전적 역사가 치고 한니발이 실제로 그런 공격을 단행했다는 사실을 의심하는 사람은 없다. 부차적이고 지엽적인 내용의 모순 때문에 핵심 사건의 역사적 정확성이 떨어지는 것은 아님을 성경 바깥의 한니발 이야기가 잘 보여 준다.

역사가들이라면 그 정도로 충분히 만족하겠지만, 내친 김에 좀 더 생각해 보자. 복음서에 기록된 소위 많은 모순들은 의외로 쉽게 풀린다. 예를 들어, 무덤에 갔다는 시간이 기록마다 다르다. "아직 어두울 때"(요 20:1)라고 쓴 저자가 있는가 하면, "이른 새벽"(눅 24:1)이나 "해가 막 돋을 때"(막 16:2)라고 쓴 저자도 있다. 하지만 그때가 "동틀 무렵"(마 28:1)이었다면, 아마도 이들은 똑같은 상황을 다른 단어로 표현했을 소지가 높다.

여자의 숫자와 이름에 관해서라면, 어느 복음서도 명단을 전부 다 밝히는 것처럼 말하지는 않았다. 막달라 마리아는 공통으로 등장하고, 거기에 마태와 마가와 누가는 다른 여자들의 이름도 밝혔다. 아마도 이름이 밝혀진 이들과 혹 그 밖의 몇 사람을 합해 작은 무리의 여자들이 있었을 것이다. 어쩌면 여자들이 올 때 막달라 마리아가 맨 먼저 도착했기 때문에 요한은 그 이름만 썼을지도 모른다. 이것을 모순이라고 볼 수는 없다.

예수의 무덤에 천사가 하나(마태복음)였느냐 둘(요한복음)이었느냐의 문제라면, 무엇이든 둘이 있으면 당연히 하나도 있는 것 아닌가? 이건 예외가 없는 법칙이다. 마태는 천사가 하나뿐이라고 말하지 않았고, 요한은 둘이었다고 좀 더 자세히 말했다.

_윌리엄 레인 크레이그 박사와 노먼 가이슬러 박사와의 인터뷰에서

9 여자들의 증언은 믿을 만했는가?

THE CASE FOR **CHRIST**
Luke 24:1-12

사복음서 모두 빈 무덤을 발견한 사람이 예수의 친구이자 그분을 따르던 여자들이었다고 말한다. 아울러 그들은 부활하신 예수를 뵙기도 했다. 어떤 사람들은 그래서 그들의 증언에 의심이 간다고 말한다. 아무래도 그들은 객관적인 관찰자가 아니었다는 것이다. 예수의 제자였다는 그 관계 때문에 과연 이 여자들의 증언은 신빙성이 떨어질까?

> 그 주의 첫날 이른 새벽에 여인들은 준비한 향품을 가지고 무덤으로 갔습니다. 그런데 무덤 입구를 막은 돌덩이가 굴러져 있는 것을 발견했습니다. 그래서 그들이 안으로 들어가 보니 주 예수의 시신이 없었습니다.
> _누가복음 24:1-3

탈봇 신학교 연구교수 윌리엄 레인 크레이그 박사는 이렇게 답한다. "그런 논리는 그 논리를 펴는 사람들에게 오히려 불리하게 작용한다. 물론 그 여자들은 예수의 친구였다. 하지만 1세기 유대 사회에서 여자가 어떤 위치를 차지했는지 안다면, 부활 이야기에서 빈 무덤을 맨 처음 발견한 사람들로 여자가 등장한다는 사실은 정말 의외가 아닐 수 없다. 1세기 팔레스타인의 계급 사회에서 여자의 위치는 밑바닥에 가까웠다. 오죽하면 랍비들의 속담에 '율법의 말씀을 여자에게 전하느니 차라리 불사르라', '아들을 낳은 자는 복이 있고 딸을 낳은 자는 화가 있도다'라고 했겠는가. 여자는 유대 법정에 정식 증인으로 설 수도 없을 만큼 여자의 증언은 하찮게 여겨졌다.

그런데도 빈 무덤의 일차 증인이 예수의 친구인 여자들이라는 사실은 가히 기상천외하다 할 수 있다. 만일 후대에 누가 전설을 지어냈다면 분명히 베드로나 요한 같은 남자 제자들이 무덤을 발견한 것으로 했을 것이다. 여자들이 빈 무덤의 첫 증인이라는 사실을 가장 타당하게 설명하는 길은 - 좋든 싫든 간에 - 정말로 여자들이 빈 무덤을 발견했다는 것뿐이다! 이것은 복음서 저자들이 아무리 곤란한 내용일지라도 사실을 충실히 기록했음을 보여 준다. 아울러 이것은, 여자들이 빈 무덤을 발견한 일이 나중에 꾸며 낸 전설이 아니라 역사적 사실이라는 증거이기도 하다."

하지만 여자들의 행동이 이해가 되는가? 그들은 무덤이 단단히 봉해진 줄 알면서도 왜 굳이 예수의 시신에 기름을 바르러 갔던 것일까?

크레이그에 따르면 "이 여자들은 전심으로 사랑했던 분을 잃고 슬픔에 잠겨 있었고, 시신에 기름이라도 바르려는 막연한 희망을 품고 무덤에 가고 싶었다. 어쩌면 그들은 주변에 돌을 옮겨 줄 만한 남자들이 있을 거라고, 하다못해 경비병들이라도 그 일을 해 줄 거라고 생각했을 것이다. 무덤에 찾아가 시신에 기름을 바르는 일은 분명히 유대인들의 역사적 풍습이었다. 다만 돌을 옮겨 줄 사람이 있을 것이냐가 문제였다. 이 여자들이 그냥 집에 있었어야 했다느니 그렇지 않다느니 하는 것은 우리 입장에서 판단할 문제가 아니라고 본다." _윌리엄 레인 크레이그 박사와의 인터뷰에서

10 부활하신 예수를 만난 사람들은 누구인가?

THE CASE FOR **CHRIST**
Luke 24:36-49

복음서와 사도행전에 보면 부활하신 그리스도께서 많은 사람들에게 나타나셨는데, 그 대상에는 개인도 있고 단체도 있으며 요한처럼 마음이 순한 사람들도 있고 도마처럼 회의적인 사람들도 있었다.

> 그들이 아직 이런 이야기를 하고 있을 때 예수께서 바로 그들 사이에 나타나셔서 말씀하셨습니다. "너희에게 평화가 있으라." _누가복음 24:36

그 사람들은 예수를 만지기도 하고 그분과 함께 음식을 먹기도 했다. 성경은 그분이 물리적으로 그 자리에 계셨다고 가르친다. 예수께서는 몇 주 동안에 걸쳐 다음과 같은 사람들에게 나타나셨다.

- 막달라 마리아에게(요 20:10-18)
- 다른 여자들에게(마 28:8-10, 마 28:1; 막 16:1; 눅 24:10 비교)
- 엠마오로 가는 길에서 글로바와 다른 한 제자에게(눅 24:13-32)
- 베드로에게(눅 24:34)
- 도마를 제외한 열 명의 사도들에게(눅 24:36-49; 요 20:19-23)
- 도마와 다른 사도들에게(요 20:24-29)
- 일곱 명의 사도들에게(요 21:1-14)
- 열한 명의 사도들에게(마 28:16-20)
- 승천하시기 전 올리브 산에서 사도들에게(눅 24:50-52; 행 1:3-9)

케임브리지 대학교의 학자 C. H. 다드(C. H. Dodd)는 예수께서 나타나셨던 모든 경우를 면밀히 분석한 결과, 그중 여러 번은 극히 초기의 자료에 기초하고 있다는 결론을 내렸다. 예컨대, 마태복음 28장 8-10절에 예수께서 여자들을 만나신 일, 마태복음 28장 16-20절에 예수께서 열한 명의 사도들을 만나 지상명령을 주신 일, 요한복음 20장 24-29절에 예수께서 사도들을 만나 자신의 손과 옆구리를 보여 주신 일 등이 그에 해당된다.

이렇듯 예수를 보았다는 증거는 풍부하다. 그저 한두 사람이 흐릿한 형상을 얼핏 지나가듯 본 것이 아니다. 예수께서는 많은 횟수에 걸쳐 많은 사람들에게 나타나셨고, 그중에 여러 번은 둘 이상의 복음서나 고린도전서 15장 3-7절의 신조(信條)에 확인되어 있다.

사도행전에는 예수께서 나타나신 사실이 수시로 언급될 뿐만 아니라 그 내용까지 자세히 밝혀져 있고, 제자들이 그 일의 증인이라는 주제 또한 거의 모든 정황에서 나타난다. 사도행전 1-5장, 10장, 13장에 그런 기록이 빈번이 나오는데, 거기에는 고린도전서 15장의 신앙고백처럼 예수의 죽음과 부활에 관한 초기의 데이터를 보여 주는 몇몇 신앙고백도 들어 있다.

예수께서 나타나셨다는 언급은 그야말로 사도행전 도처에 널려 있다. 특히 사도 베드로의 열정이 돋보인다. 그는 사도행전 2장 32절에서 "이 예수를 하나님께서 살리셨습니다. 이 일에 대해 우리 모두가 증인들입니다"

라고 했고, 사도행전 3장 15절에서도 "생명의 근원 되시는 분을 죽였습니다. 그러나 하나님께서는 그분을 죽은 사람들 가운데서 살리셨습니다. 우리는 이 일에 대해 증인들입니다"라고 했다. 사도행전 10장 41절에서 고넬료와 그의 일가친지들에게 말할 때는 "죽은 사람들 가운데서 살아나신 후 함께 먹고 마셨던 바로 우리"라고 표현하기도 했다.

사도행전 13장 30-31절에 보면 바울도 "하나님께서는 죽은 사람들 가운데서 예수를 살리셨습니다. 그 후 여러 날 동안 예수는 갈릴리로부터 예루살렘까지 자기와 동행했던 사람들에게 나타나셨습니다. 그들이 바로 지금 백성들에게 예수를 증거하는 사람들입니다"라고 말했다.

두말할 나위 없이 예수의 부활은, 초대교회가 처음부터 선포한 메시지의 핵심이었다. 초창기 그리스도인들은 그냥 예수의 가르침만 받아들인 것이 아니라, 십자가에서 죽으셨다 살아나신 그분을 자신들이 보았다는 확신이 있었다. 바로 그것이 그들의 삶을 바꾸어 놓았고 교회를 태동시켰다. 이것이 그들의 신앙의 핵이다 보니, 그들이 목숨을 걸고서라도 그 사실을 밝혔을 것은 당연한 일이다.

복음서와 사도행전의 모든 증거는 더할 나위 없이 확실하다. 고대 역사에 이보다 더 철저히 입증된 사건은 없을 것이다.

_게리 하버마스(Gary Habermas) 박사와의 인터뷰에서

11 제자들이 그냥 환상을 보거나 집단적 사고에 순응한 것은 아닐까?

그들은 유령을 본 줄 알고 놀라며 무서워했습니다. 예수께서 그들에게 말씀하셨습니다. "어째서 두려워하며 마음에 의심이 일어나느냐? 내 손과 내 발을 보라. 바로 나다!"

어떤 사람들은, 예수의 부활을 보았다는 증인들의 그 믿음이야 진실한 것이지만 사실은 그들이 환상을 보았던 것이라고 주장한다. 예수를 만나지도 않았으면서 만났다고 철석같이 믿었다는 것이다.

환상설의 문제점은 우선 환상을 여럿이 함께 볼 수는 없다는 것이다. 그런데 성경에는 예수께서 다수의 사람들에게 나타나셨다는 기록이 반복해서 나오고, 그들 모두가 똑같은 증언을 하고 있다. 그 외에도 예수께서 나타나신 일을 환상설로 얼버무릴 수 없는 몇 가지 증거가 또 있다.

환상이 보이려면 생각이 멍하게 풀려 있어야 하는데 제자들은 십자가 사건이 있은 후로 두려움과 의심과 절망에 빠져 있었다. 더욱이 환상은 흔한 일이 아니며 대개 마약이나 영양실조가 원인이다(그 두 가지 외의 원인으로 환각 증세를 일으킨 사람을 당신도 아마 본 적이 없을 것이다).

배경도 다르고 기질도 제각각인 사람들이 몇 주간에 걸쳐 각기 다른 곳에서 모두 비슷한 환상을 보았을 리가 만무하다. 게다가 빈 무덤은 어찌할 것인가? 제자들이 예수를 본 것이 정말 착각이라면, 무덤에 그분의 시신이 그대로 있어야 했다.

혹시 제자들은 집단적 사고에 빠졌던 것일까? 서로 억지를 써서 무슨 허깨비라도 보게 만든 것일까? 하지만 부활이 그들 신앙의 핵심이었음을 생각하면 이 또한 개연성이 없어 보인다. 거짓을 옹호하기 위해 목숨까지 건다는 것은 너무 쓸데없고 무모한 짓이다. 나중에라도 그들 중 일부가 집단적 사고를 재고하여 입장을 바꾸거나 그냥 조용히 떨어져 나오지 않았겠는가?

> 예수께서 그들에게 말씀하셨습니다. "어째서 두려워하며 마음에 의심이 일어나느냐? 내 손과 내 발을 보라. 바로 나다! 나를 만져 보고 쳐다보라. 유령은 살과 뼈가 없다. 그러나 너희가 보다시피 나는 있지 않느냐?" 누가복음 24:37-39

더욱이 예수를 믿지 않던 그분의 동생 야고보와 기독교를 말살하려 했던 바울은 어찌 되는가? 어떻게 이 두 사람에게 부활하신 예수를 억지로 보게 만들 수 있단 말인가? 이들은 정작 앞에 계시지도 않은 그분을 계신다고 상상할 사람들이 아니었다. 게다가 역시 빈 무덤은 어찌 할 것인가? 고린도전서 15장 3-7절을 비롯한 여러 본문에 명백한 표현으로 기록된 신앙고백이 이 관점으로는 도무지 설명이 안 된다.

때로 사람들은 예수께서 부활 후에 나타나신 일을 어떻게든 다르게 설명해 보려고 용을 쓴다. 하지만 예수께서 살아나셨다는 단순한 선언보다 이 모든 증거에 더 잘 들어맞는 설명은 없다.

_게리 하버마스와의 인터뷰에서

PART 3

나에게 확실한
근거 자료를 보여 주시오!

: 21개월 간 추적한 2,200여 편의 자료에서 부활은
가능성이 아니라 사실이라고 말하고 있다.

아주 흔치 않은 기회였다. 나는 〈플레이보이〉(*Playboy*)지를 창간한 휴 헤프너(Hugh Hefner)와 마주 앉아, 내가 진행하는 텔레비전 프로그램에 맞춰 영적인 주제로 대화하고 있었다. 장소는 로스앤젤레스에 있는 그의 호화 저택이었다.

특유의 면바지에 헐거운 실크 재킷을 걸친 헤프너는, 신에 대해서는 조금이나마 믿음을 고백했으나 기독교의 하나님에 대해서 "나한테는 너무 유치합니다"라고 말했다.

내가 예수의 부활 얘기를 꺼내자 흥미롭게도 헤프너는 대뜸 그 중요성을 인정했다. "예수가 정말 살아났다는 확실한 증거만 있다면 거기서부터 도미노 효과가 일어나 우리를 온갖 신기한 세계로 데려가겠지요. 사후 세계를 비롯해 우리가 사실이기를 바라는 온갖 것들이 정말 사실이 될 겁니다."

하지만 헤프너는 예수가 부활하셨다는 역사적 증거를 살펴본 적도 없으면서 그냥 회의론자로 남았다. 그는 "내가 보기에는 예수도 우리만큼이

나 하나님의 아들이 아니거든요"라고 말했다.

모든 것이 부활에 달려 있다는 말만은 헤프너가 옳았다. 만일 부활이 사실이라면, 예수가 하나님의 유일한 아들이라는 정체가 확증되면서 그분을 따르는 사람들에게 영생의 문이 열린다. 그러나 만일 부활이 전설이거나 착각이라면, 예수는 수많은 혁명가들과 거짓 메시아들의 뒤를 이어 십자가에 희생된 또 하나의 불운한 인물에 지나지 않는다.

거의 20세기 전에, 의사 누가는 여러 목격자의 증언을 토대로 예수께서 몸으로 부활하신 일을 직접 기록했다. 누가는 부활하신 예수를 직접 만난 사도 바울의 동지였다. 마태복음과 마가복음과 요한복음에도 초기의 독자적인 기록이 나오는데, 마태와 요한은 예수의 제자였고 마가는 예수의 제자인 베드로의 목격담을 전했다. 예수의 부활은 신약성경의 다른 부분들, 특히 사도행전과 고린도전서에도 거듭 확인되어 있다.

그런데 근년 들어, 부활을 연구해 온 저명한 역사가 게리 하버마스 박사가 부활의 증거들을 입증하는 새로운 접근법을 개척했다. 이 독특한 분석을 직접 들어 보고자 나는 하버마스의 동료이며 공저자인 마이클 리코나(Michael Licona) 박사를 우리 집으로 초대했다.

부활의 역사성을 변증하는 논객으로 잘 알려진 리코나는 그동안 무신론자 리처드 캐리어(Richard Carrier), 이슬람교도 섀비어 앨라이(Shabir Ally), 불가지론자 바트 어먼(Bart Ehrman) 등 여러 회의론자들과 자주 토론을 벌였다. 남아프리카공화국 프레토리아 대학교에서 신약학박사 학위를 받은 논문에서 그는, 예수께서 부활하셨다는 증거를 여러 가지 역사적 방법으로 고찰했다.

2004년에 그는 하버마스와 함께 「예수의 부활을 입증하는 증거」(*The Case for the Resurrection of Jesus*)라는 책을 써서 우수 도서상을 받기도 했다. 역사가 폴 메이어(Paul Maier)는 이 책에 대해 "이 주제를 가장 종합적으로 다룬 책"이라 평했다.[1] 하버마스와 리코나는 바로 이 책에서 예수의 부활에 "최소한의 사실들로 접근하는 방법"을 상술해 놓았다.

편견을 떨치고

"아무리 역사적 증거라지만 틀림없이 당신도 자신만의 편견이라는 렌즈를 통해 그것을 보겠지요?" 우리 집 거실에 마주 앉아 내가 리코나에게 물었다.

"그야 물론이지요. 유신론자, 이신론자, 무신론자 할 것 없이 누구도 예외가 없습니다. 인간은 누구나 편견이 있으며 그것을 초월할 수 없습니다. 그래서 일정한 견제 장치가 필요한 거지요. 하버마스가 부활에 대해 '최소한의 사실들로 접근하는 방법'을 만들어 낸 것도 그런 맥락에서입니다." 리코나가 말했다.

"그것이 어떻게 편견을 견제해 줍니까?"

"이 접근법은 두 가지 기준에 부합되는 사실만 고려 대상에 넣습니다. 첫째, 사실을 뒷받침해 주는 아주 탄탄한 역사적 증거가 있어야 합니다. 둘째, 그 증거는 회의론자들까지도 포함해서 오늘날 이 주제를 다루는 절대다수의 학자들이 역사적 사실로 받아들일 만큼 탄탄해야 합니다."

"하지만 역사는 다수결이 아닙니다." 내가 끼어들었다. "많은 학자들이 받아들인다는 이유만으로 누구나 그런 사실을 받아들여야 한다는 말입니까?"

"그게 아니라 회의적인 학자들한테까지도 납득이 될 만큼 부활의 증거가 워낙 확실하다는 말이지요. 솔직히 말해서, 신념 체계가 근본적으로 다른 사람들까지도 이 증거를 받아들인다면 부활이 역사적 사실일 가망성이 그만큼 높아지는 겁니다."

"그런 학자들이 부활에 대해 뭐라고 믿는지 우리가 어떻게 압니까?" 내가 물었다.

리코나는 이렇게 답했다. "전문가들이 부활에 관하여 1975년부터 현재까지 프랑스어, 독일어, 영어로 쓴 자료를 하버마스가 2,200편 이상 모았습니다. 그리고 거기서 증거가 탄탄하여 회의론자들을 포함한 절대다수의 학자들이 역사적 사실로 간주하는 최소한의 사실들을 찾아냈습니다. 우리는 그러한 사실들에 대한 가장 타당성 있는 역사적 설명을 찾으려는 겁니다."

그쯤에서 나는 리코나에게 배경 대신에 예수께서 부활하셨다는 증거를 제시해 달라고 했다. 그는 "최소한의 사실들을 다섯 가지만 꼽겠습니다. 이 증거가 얼마나 설득력 있는지는 각자 스스로 판단하면 되겠지요"라고 말했다.

사실 1: 예수는 십자가에서 실제로 죽으셨다

리코나의 말은 이렇게 이어졌다. "존 도미닉 크로산(John Dominic Crossan) 같은 골수 자유주의자도 '예수가 십자가에서 죽은 것은 역사 속의 어떤 사건 못지않게 확실하다'[2]고 말했습니다. 회의론자 제임스 테이

버(James Tabor)는 '로마의 십자가 형에 처해진 것으로 보아 예수가 정말 죽었음을 의심할 필요는 없다고 본다'[3]고 했지요. 신약 비평가인 무신론자 게르트 뤼드만(Gerd Lüdemann)과 불가지론자 바트 어먼(Bart Ehrman)도 십자가 사건은 논의의 여지가 없는 사실이라고 했습니다.

왜 그럴까요? 우선 첫째로, 네 편의 복음서가 모두 하나같이 그 일을 전하고 있기 때문입니다. 뿐만 아니라 십자가 사건을 입증해 주는 자료들은 기독교 바깥에도 있습니다. 예를 들어, 역사가 타키투스는 예수가 '티베리우스 황제 재위 중에 극형을 당했다'고 썼고, 유태인 역사가 요세푸스는 빌라도가 '예수에게 십자가 형을 선고했다'고 전했습니다. 그리스의 풍자 작가 사모사타의 루키아노스(Lucian of Samosata)와 이교도 마라 바 세라피온(Mara Bar-Serapion)도 예수께서 처형당한 사실을 확인해 주고 있어요. 심지어 유대교 탈무드에도 예수가 죽임당했다는 기록이 나옵니다.

예수께서는 십자가에 달리셨고 그 결과로 죽으셨습니다. 이에 대한 학자들의 일치된 의견은 가히 절대적인 수준인데, 예수의 부활에 대해 회의적인 학자들까지 다 포함해서 그렇습니다. 그분의 죽음을 부인한다면 그것은 매우 부실한 입장을 취하는 것이며 학계의 웃음거리가 되기 쉽습니다."

사실 2: 제자들은 그분이 부활하여 자기들에게 나타나셨다고 믿었다

리코나는 또 말했다. "두 번째 사실은, 제자들이 예수께서 실제로 다시 살아나 자기들에게 나타나셨다고 믿었다는 것입니다. 이것을 뒷받침해 주는 증거로는 제자들에 관한 바울의 증언, 초대교회에 전해진 구전, 초대교회의 기록 문서 등 세 가지가 있습니다.

우선 바울이 중요한 이유는 베드로, 야고보, 요한 등 일부 제자들을 자기가 직접 안다고 했기 때문입니다. 사도행전에서 그것을 확인할 수 있지요.[4] 바울은 또 고린도전서 15장 11절에서 '나나 그들이나 우리가 이렇게 복음을 전파하고 있으며'라고 말하면서 예수의 부활을 언급합니다. 다시 말해서 바울은 사도들을 알았으며, 사도들도 자기처럼 예수께서 죽은 자 가운데서 살아나신 것을 선포했다고 전하고 있습니다.

다음은 구전입니다. 분명히 그 당시에는 녹음기도 없었고 글을 깨친 사람들도 많지 않았습니다. 그러다 보니 나중에 글로 기록될 때까지는 자연히 말로 전해 오는 구전에 의존했지요. 학자들은 이 구전이 신앙고백, 찬송, 설교 요약 등의 형태로 신약성경에 그대로 옮겨져 있는 곳을 몇 군데 찾아냈습니다. 구전이 신약성경이라는 기록물보다 먼저 존재했어야만 신약성경 저자들이 그것을 인용할 수 있다는 점에서 이것은 대단히 중요합니다."

"시기가 일렀다는 말이군요." 내가 말했다.

"매우 일렀습니다. 그만큼 신빙성이 더해지지요. 예를 들어, 기본 교리들을 쉽게 암송할 수 있는 형태로 정리해 놓은 신앙고백들이 있습니다. 가장 이른 시기의, 가장 중요한 신앙고백 중 하나가 바울이 고린도 교회에 쓴 첫 번째 편지에 옮겨져 있습니다. AD 55년경에 쓴 편지인데, 신앙고백의 내용은 이렇습니다.

> 내가 전해 받은 가장 중요한 것을 여러분에게 전했습니다. 그것은 그리스도께서 성경의 말씀대로 우리 죄를 위해 죽으시고 장사 되셨다가 성경의 말씀대로 3일째 되던 날 다시 살리심을

받아 게바에게 나타나시고 그 다음으로 열두 제자에게 그 후 500명이 넘는 형제들에게 동시에 나타나셨으니 그 가운데 대부분이 지금도 살아 있고 어떤 사람들은 잠들었습니다. 그 후에 야고보에게 나타나셨고 그 다음으로 모든 사도들에게….[5]

많은 학자들은 바울이 회심한 지 3년 만에 예루살렘으로 베드로와 야고보를 찾아갔을 때 그들에게서 이 신앙고백을 전해 들은 것으로 봅니다. 그렇다면 십자가 사건이 있은 지 채 5년이 지나기 전이지요. 이 신앙고백은 시기가 매우 일렀을 뿐만 아니라 바울에게 그것을 전해 준 사람들 또한 분명히 목격자들이거나 바울이 신뢰할 만한 사람들이었습니다. 그래서 신빙성이 더욱 높아지지요."

"이 신앙고백의 중요성은 어느 정도나 됩니까?"

"이 신앙고백은 강력하고 설득력이 있습니다." 그가 힘주어 말했다. "시기가 이르다고 해서 예수를 따르는 사람들이 만들어 내거나 꾸며 냈을 가능성이 완전히 배제되는 것은 아니지만, 시간이 가면서 생겨난 전설의 산물이기에는 시기가 일러도 너무 이릅니다. 사실상 예수의 첫 제자들에게로까지 거슬러 올라갈 수 있기 때문이지요. 사실 이 신앙고백이야말로 그동안 예수의 부활을 반박하려는 비판자들에게 가장 난감한 걸림돌 중 하나가 되었습니다.

구전은 그것 말고도 더 있습니다. 예를 들어, 신약성경에 사도들의 설교가 몇 편 남아 있습니다. 사실은 설교를 요약한 것들이라 할 수 있는데, 초창기 사도들의 가르침이 사도행전에 요약된 이 설교들 속에 고스란히 간

직되어 있습니다. 대다수의 역사가들 또한 그렇게 믿는다 해도 과언은 아닙니다. 그런데 그 설교들이 예수께서 죽은 자 가운데서 몸으로 부활하셨음을 선포하고 있습니다.

예를 들어, 바울은 베드로가 사도행전 2장에서 했던 말과 아주 비슷하게 사도행전 13장에서 이렇게 말합니다. '다윗은 한평생 하나님의 뜻을 잘 받들다 결국 잠들어 자기 조상들과 함께 묻혔고 그 시체는 썩고 말았습니다.'[6] 이것은 대담한 주장입니다. 다윗의 몸은 썩었지만 예수의 몸은 부활했기 때문에 썩지 않았다는 것입니다.

끝으로, 마태복음, 마가복음, 누가복음, 요한복음 같은 기록 문서가 있습니다. 사복음서가 1세기에 기록되었다는 것은 회의적인 역사가들 사이에서도 널리 받아들여지고 있습니다. 자유주의 성향이 짙은 학자들도 인정하듯이, 이 네 편의 전기는 예수의 생애로부터 70년 이내에 기록되었으며 예수께서 부활하셨다는 제자들의 주장을 명확하게 전하고 있습니다.

복음서의 저작 시기가 그보다 더 이르다는 주장도 충분히 입증 가능하다고 보지만, 일단은 좀 더 무난한 추정 연대를 따르기로 합시다. 그렇게 하더라도 그 시기가 사건들이 일어난 시점과 아주 가깝기는 마찬가지입니다. 특히 고대의 많은 역사 문헌들과 비교해 보면 그렇지요. 예를 들어, 알렉산더 대제에 관한 가장 훌륭한 문헌 두 편은 그가 죽은 후 4백 년이 지나서야 기록되었습니다.

그 밖에도 사도 교부들(사도들의 바로 뒤를 이어 1세기 말과 2세기 초에 살았던 소수의 작가들-역주)의 저작이 있습니다. 그들은 사도들을 직접 알았거나 사도들을 아는 사람들과 친했다고 합니다. 그들의 저작에는 사도들의 가르침이 그대로 반영되었을 가능성이 높습니다. 그런 그들이 뭐라고 했던가요? 예수의 부활이 사도들에게 근본적인 변화를 가져다주었다고 했습니다.

한 예로 클레멘트(Clement)를 생각해 보십시오. 초기의 교부 이레니우스(Irenaeus)는 클레멘트가 사도들과 직접 대화했다고 했고, 아프리카의 교부 터툴리안(Tertullian)은 클레멘트가 베드로에게 직접 안수를 받았다고 했습니다."

"그래서 클레멘트가 제자들에 대해 뭐라고 전했던가요?" 내가 물었다.

"1세기에 고린도 교회에 보낸 편지에 그는 이렇게 썼습니다. '그러므로 우리 주 예수 그리스도의 부활로 말미암아 온전한 확신을 얻은 그들은 … 가서 하나님 나라가 가까웠다는 기쁜 소식을 전하였다.'[7]

다음으로 폴리캅(Polycarp)이 있습니다. 이레니우스는 폴리캅이 '요한을 비롯한 사도들에게 배웠고 그리스도를 직접 본 많은 사람들과 대화했다'고 했습니다. 터툴리안도 요한이 폴리캅을 서머나 교회의 주교로 임명했다는 사실을 확인해 줍니다. AD 110년경에 폴리캅은 빌립보 교회에 편지를 쓰면서 예수의 부활을 다섯 번이나 언급했습니다.

이 증거들의 심도를 생각해 보십시오. 바울, 구전, 기록 문서 등 세 가지 범주에 총 아홉 가지의 증거 자료가 있습니다. 다수의 목격자들이, 부활하신 예수를 보았다는 제자들의 주장을 아주 이른 시기부터 증언한 것입니다. 제자들은 이것이 자신들의 존재의 핵이라 믿었습니다."

"그것을 어떻게 압니까?"

"제자들이 박해는 물론 순교까지도 기꺼이 감내할 만큼 변화되었다는 증거가 있기 때문입니다. 사도행전만 쭉 읽어 보아도, 예수께서 죽은 자 가운데서 살아나셨다는 믿음 때문에 제자들이 얼마나 큰 고난을 불사했는지 알게 됩니다. 클레멘트, 폴리캅, 이냐시오(Ignatius), 터툴리안, 오리겐(Origen) 같은 교부들이 하나같이 이 사실을 확인해 줍니다. 제자들이 이 믿음을 사수하기 위해서는 고난도 마다하지 않았음을 증명하는 초기의 자료가 적어도 일곱 가지는 됩니다. 거기에 바울의 순교와 예수의 동생 야고보의 순교까지 합하면 증거는 열한 가지로 늘어나지요."

"하지만 예로부터 다른 종교를 믿는 사람들도 자신의 신앙 때문에 기꺼이 목숨을 버렸습니다." 내가 이의를 제기했다. "그렇다면 제자들의 순교로 정말 증명되는 것은 무엇입니까?"

그는 이렇게 말했다. "첫째, 당연히 이것은 제자들이 자신의 신앙을 옳다고 여겼다는 뜻입니다. 그들은 일부러 거짓말을 지어내지 않았습니다. 거짓말을 위해 순교할 사람은 없습니다. 둘째, 제자들은 예수께서 부활하셨다고 믿기만 한 게 아니라 그분이 부활하셨는지 아닌지를 하나의 사실로서 확실히 알았습니다. 그분이 부활하셨음을 현장에서 똑똑히 확인할 수 있었으니까요. 그러니까 그들이 죽음도 불사한 것은 그분이 부활하셨다는 진실 때문이었던 것입니다.

이것은 현대의 이슬람교 테러리스트나 그 밖의 사람들이 자신의 신앙을 위하여 기꺼이 죽으려는 것과는 전혀 다릅니다. 그 사람들은 자신의 신앙이 옳다는 믿음만 가질 수 있을 뿐이지 확실히 알 길은 없습니다. 반면에 제자들은 부활이 실제로 있었던 일인지 아닌지를 하나의 사실로서 알았으며, 그 진실을 알았기에 그 신앙을 위하여 죽음도 마다하지 않았던 것입니다."

"그렇다면 결론은 무엇입니까?" 내가 물었다.

리코나는 이렇게 대답했다. "하버마스가 지난 30년간 발표된 2천 편 이상의 부활에 관한 학술 자료를 검토해 본 결과, 이보다 더 널리 인정되고 있는 사실은 아마 없을 것입니다. 즉, 부활하신 예수께서 자기들에게 나타나셨다고 말하는 초창기 그리스도인들의 그 체험이 실제로 일어났던 일이라는 것입니다.

심지어 무신론자 뤼드만도 '죽은 예수가 부활한 그리스도로 나타난 것을 베드로와 제자들이 직접 체험했다는 사실은 역사적으로 확실해 보인다'[8]고 인정했습니다. 물론 그는 제자들이 환상을 본 거라고 주장합니다만, 나는 그 설명에 전혀 신빙성이 없다고 봅니다. 어쨌든 제자들의 체험이 실제로 있었다는 것만은 그도 인정하고 있습니다."

리코나는 또 보스턴 대학교의 자유주의 학자 폴라 프레드릭슨(Paula Fredriksen)이 한 말도 인용했다. "제자들이 부활하신 그리스도를 보았다고 확신한 것은 … 기본적인 역사적 사실이자 의심할 나위 없는 주지의 사실이다."[9]

리코나는 말했다. "이 정도면 정말 부인할 수 없는 증거라고 봅니다. 뿐만 아니라 나는 제자들이 본 것이 다름 아닌 죽음에서 살아나신 예수였다는 증거도 명백하고 설득력 있다고 믿습니다."

사실 3: 교회를 박해하던 바울의 회심

리코나는 계속해서 이렇게 말했다. "바울이 – 당시에는 다소의 사울로

알려져 있었지요 - 교회를 대적했고 열성을 다해 신자들을 박해했다는 것을 우리는 많은 자료를 통해 알고 있습니다. 그런 그가 예수를 따르는 사람으로 회심했으며, 그 이유는 부활하신 예수를 직접 만났기 때문이라고 자기 입으로 말하고 있습니다.[10] 그러니까 아군과 적군이 예수의 부활을 이구동성으로 증언한 셈인데, 이는 매우 의미심장한 일입니다.

바울은 자신의 신앙 때문에 평생 고난은 물론 죽음까지도 불사했는데, 고대 자료에 그렇게 기록한 작가는 바울 외에도 누가, 로마의 클레멘트, 폴리캅, 터툴리안, 고린도의 디오니시우스(Dionysius), 오리겐 등 여섯 명이나 됩니다. 다시 말하지만, 거짓말을 위해 순교할 사람은 없습니다. 따라서 우리는, 바울이 부활하신 예수께서 자기에게 나타나셨다고 주장했을 뿐만 아니라 정말 그렇게 믿었다고 확신해도 좋습니다.

바울이 본래 예수에 대해 우호적인 사람이었다는 주장은 가능하지 않습니다. 그는 십자가 사건이 있고 나서 간절한 바람이나 슬픔 때문에 저절로 예수의 환영을 보았을 그런 사람이 아닙니다. 오히려 바울은 기독교 운동을 저지할 생각밖에 없었고 그리스도인들이 거짓 메시아를 따르고 있다고 믿었습니다. 박해자였던 그가 오히려 선교사로 180도 변화된 데에는 설명이 필요한데, 내가 보기에 최고의 설명은 부활하신 예수를 만났다는 그의 말이 사실이라는 것입니다.

바울이 만일 예수를 만나지도 않았으면서 만났다고 억지로 꾸며 냈다면, 그렇게 해서 그가 얻을 거라곤 고난과 순교를 자초하는 것 말고 아무것도 없었습니다."

사실 4: 예수의 동생인 회의론자 야고보의 회심

리코나의 말은 계속되었다. "네 번째 최소한의 사실은 예수의 형제인 야고보에 관한 것인데요, 예수께서 살아 계실 당시에 야고보가 예수를 따르는 사람이 아니었다는 충분한 증거가 있습니다. 마가와 요한 둘 다, 예수의 형제들이 아무도 예수를 믿지 않았다고 기록했습니다."[11]

리코나는 마가와 요한의 기록이 십중팔구 사실일 거라며 그 이유를 이렇게 설명했다. "흔히 사람들은 창피한 이야기나 자기한테 불리할 만한 이야기는 지어내지 않지요. 가족들조차 자신을 따르지 않았다는 것은 1세기의 랍비에게 특히 굴욕이었을 것입니다.

그런데 결정적인 사건이 벌어집니다. 고린도전서 15장에 나오는 고대의 신앙고백에 보면, 부활하신 예수께서 야고보에게 나타나셨다고 되어 있습니다. 이 기록 역시 시기가 매우 일러 신빙성의 조건을 두루 갖추고 있지요. 사실 야고보도 이 신앙고백을 바울에게 전해 준 사람 중 하나였을 수 있습니다. 만일 그렇다면 야고보는 그 신앙고백에 담긴 자신에 관한 내용을 직접 시인한 셈입니다.

부활하신 예수를 만난 결과, 야고보는 그리스도인이 되었을 뿐만 아니라 나중에 예루살렘 교회의 지도자가 되었습니다.[12] 부활 사건으로 인해 야고보는 예수께서 메시아이심을 철석같이 믿게 되었고, 결국 순교자로 생을 마감했어요. 이 사실은 기독교 내에서는 물론 기독교 외적인 자료로도 입증되고 있습니다.[13]

이렇듯 야고보 역시 회의론자였다가 부활하신 주님을 직접 만나 회심하고 그 확신 때문에 목숨까지 버린 경우입니다."

사실 5: 예수의 무덤이 비어 있었다

"예수의 무덤이 비어 있었다는 다섯 번째 사실은 부활을 입증하는 최소한의 증거에 들기는 합니다. 그러나 처음 네 가지처럼 학자들에게 만장일치에 가까운 지지는 받지 못하고 있습니다." 리코나는 그렇게 설명했다.

"그래도 무덤이 비어 있었음을 뒷받침해 주는 증거는 탄탄합니다. 하버마스의 결론에 따르면, 이 주제를 다룬 학자들의 75퍼센트가 빈 무덤을 역사적 사실로 보고 있습니다. 내 개인적인 생각으로는, 역사의 데이터를 선입견 없이 평가한다면 그 비율이 훨씬 높아지리라고 봅니다. 무덤이 비어 있었다는 증거는 예루살렘 요인, 적들의 증언, 여자들의 증언, 기본적으로 이 세 가지입니다."

"예루살렘 요인이라니요?" 내가 물었다.

"예수께서 예루살렘에서 공개 처형되어 장사 되었고 부활도 같은 도시에서 선포되었다는 뜻이지요. 실제로 베드로는 십자가 사건이 있은 지 불과 몇 주 만에 예루살렘에서 대중을 향하여 '이 예수를 하나님께서 살리셨습니다. 이 일에 대해 우리 모두가 증인들입니다'[14]라고 선포했습니다. 솔직히, 예수의 시신이 무덤 속에 그대로 있었다면 예루살렘은 기독교의 발상지가 될 수 없었을 것입니다. 로마나 유대 당국자들이 무덤에 가서 시신을 확인하기만 하면 당장 거짓임이 들통 났을 테니까요.

오히려 정작 들려온 말은 무덤이 비어 있다는 적들의 증언이었습니다. 다시 말해서, 회의론자들이 한 말이 무엇인가요? 그들은 제자들이 시신을 훔쳐 갔다고 했습니다. 마태복음뿐만 아니라 순교자 저스틴 마터(Justin Martyr)와 터툴리안의 글에도 기록된 내용입니다. 하지만 생각해 보십시오. 시신이 무덤 속에 그대로 있었다면 왜 굳이 훔쳐 갔다고 말하겠습니까? 이는 무덤이 비어 있었음을 그들이 암묵적으로 인정한 것입니다.

게다가 제자들이 시체를 훔쳐 갔다는 발상 자체가 조잡한 설명입니다. 제자들이 공모하여 시신을 몰래 빼돌린 뒤, 그 뻔한 거짓말을 위해 평생 고난과 죽음까지 감수했다는 말을 과연 믿어야 됩니까? 이것은 워낙 황당무계한 발상이라 오늘날의 학자들은 누구도 그것을 인정하지 않습니다. 끝으로, 무덤이 비어 있었다는 여자들의 증언이 있습니다."

"그것이 왜 중요합니까?" 내가 물었다.

"1세기에는 유대 문화 로마 문화 할 것 없이 여자를 천시했고 여자의 증언을 여간해서 믿지 않았기 때문이지요." 리코나는 그렇게 설명했다.

"이야기를 꾸며 내 사람들을 속일 거였다면, 굳이 여자들이 빈 무덤을 발견했다고 하지는 않았을 겁니다. 스스로 신빙성을 깎아내리는 말을 누가 하겠습니까. 복음서 저자들이 그런 증언을 지어냈을 가능성은 극히 희박합니다. 자기들한테 해가 되면 해가 되었지 득이 될 게 전혀 없었으니까요. 그들이 정말 이야기를 멋대로 지어냈다면, 빈 무덤을 맨 먼저 발견한 사람들이 베드로나 요한 같은 남자들이었다고 주장했을 겁니다.

왜 복음서 저자들이 이런 불리한 내용까지 일일이 기록했는가 하면, 그것이 실제로 있었던 일이고 거기서 파생될 신빙성의 문제와 관계없이 사실을 정확하게 전하고자 했기 때문입니다.

이렇듯 예루살렘 요인, 적들의 증언, 여자들의 증언을 종합하면 예수의 무덤이 비어 있었다고 결론지을 만한 역사적 근거는 충분합니다. 옥스퍼드 대학교의 윌리엄 워드(William Ward)는 그것을 이렇게 표현했습니다.

'모든 엄밀한 역사적 증거가 빈 무덤을 지지하고 있다. 빈 무덤을 배격하는 학자들은 그 근거가 과학적 역사가 아닌 다른 데 있음을 인정해야만 한다.'"[15]

"좋습니다. 지금까지 말씀하신 증거를 어떻게 요약하시겠습니까?" 내가 물었다.

"제자들은, 십자가에서 죽으신 지 사흘 만에 다시 살아나신 예수님을 자기들이 보았다고 믿었습니다. 그들의 증언에 따르면, 그분은 개개인에게뿐만 아니라 단체로 모인 자리에도 몇 차례 나타나셨습니다. 이 체험은 제자들에게 절대적인 확신과 변화를 가져다주었고, 그들은 그분을 만났다는 확신 때문에 고난은 물론 죽음까지도 기꺼이 당했습니다.

그런가 하면 예수를 거짓 선지자로 여겼던 두 회의론자가 있습니다. 하나는 교회를 박해하던 사울이고 하나는 예수의 동생 야고보인데, 부활하신 예수를 만난 뒤로 이들의 생각이 180도 바뀌었습니다. 제자들처럼 이들도 예수의 부활이 사실이라는 증언을 포기하느니 차라리 고난과 박해와 죽음을 불사하겠다는 태도로 살았습니다.

요컨대 예수의 친구들, 기독교를 대적하던 사람, 회의론자가 일제히 예수의 부활을 설득력 있게 증언하고 있습니다. 끝으로, 예수의 무덤이 비어 있었다는 탄탄한 역사적 증거가 있습니다. 기독교를 대적하던 사람들도 무덤이 비어 있었다는 사실만은 인정했지요. 그렇다면 시신은 어디로 갔을까요? 제자들에게 묻는다면 그들은 자기들이 부활하신 예수를 직접 보았다고 말할 것입니다.

이런 증거를 가장 잘 설명해 주는 답은 무엇일까요? 어떤 사실도 빠뜨리지 않으면서 그렇다고 무리하게 꿰맞추지도 않는 그런 설명은 무엇일까요? 모든 증거를 바탕으로 내가 내린 결론은 예수께서 정말 다시 살아나셨다는 것입니다. 다른 어떤 설명도 위의 모든 사실을 담기에는 턱없이 부족합니다. 역사적 관점에서, 나는 이 정도면 충분히 타당하고 설득력 있는 증거라고 봅니다."

리코나는 부활의 역사적 증거를 얼마든지 더 제시할 수도 있었지만, 더할 나위 없이 잘 입증되어 있고 회의론자들을 포함하여 절대다수의 학자들이 신빙성을 인정하고 있는 다섯 가지 사실만 추려서 말한 것이다.

나도 그의 결론에 동의할 수밖에 없다. 예수께서 부활하셨다는 증거는 충분히 타당하고 설득력 있다. 「하나님의 아들의 부활」(*The Resurrection of the Son of God*)의 저자인 역사가 N. T. 라이트(N. T. Wright)가 잘 말했다.

> 부활의 가능성이 "과학"으로 반증되었다며 과학에 의지해 봐도 소용없다. 진정한 과학자라면 누구나 동의하듯이 과학은 통상적으로 발생하는 현상을 관찰한다. 하지만 기독교의 논거는 바로 예수의 부활이 통상적으로 발생하는 현상이 아니라는 데 있다. 역사가로서 나는 전체 데이터를 다 포괄하지 못하는 답보다는 정연하면서 본질상 단순한 답을 더 좋아한다. 그 답이란 예수께서 죽은 자 가운데서 몸으로 부활하셨음을 초창기 그리스도인들이 믿었다는 것, 그리고 그 믿음은 그들의 말이 과연 사실이기에 설명 가능하다는 것이다.[16]

PART 4

이제, 부활을 믿는 것은 당신의 몫이다!

: 항복! 그리고 그분을 만났다. 당신도 결정하라.
부활은 당신의 모든 것을 바꾸어 놓을 것이다.

내가 기독교를 조사하기 시작한 것은, 아직 무신론자이던 시절에 누가복음을 처음 읽으면서부터였다. 1년 하고도 9개월이 소요된 그 조사는 나 혼자 안방에 있던 어느 일요일 오후에 종결되었다.

그 많은 증거를 수집했으니 이제 판결을 내려야 할 때가 되었다. 그래서 나는 노란색 노트를 꺼내 놓고 지난 21개월간의 여정 중에 접했던 역사적 데이터를 전부 요약하기 시작했다.

자료는 몇 페이지에 걸쳐 끝도 없이 이어졌다. 기독교의 진실성을 보여 주는 그 산더미 같은 불가항력의 증거 앞에서, 결국 나는 그리스도인이 되는 쪽보다 무신론을 고수하는 쪽에 더 많은 믿음이 필요함을 깨달았다. 정말이다! 무신론을 고수하려면 사실들의 거센 급류를 역류하여 헤엄쳐야 할 것만 같았다. 하지만 언론학과 법학을 공부하며 진실을 따르도록 배운 내가 그럴 수는 없었다.

그 순간 나는 판결을 내렸다. 예수께서 하나님의 아들로 자처하셨을 뿐만 아니라 부활로 그 주장을 증명하셨음을 역사적 데이터에 기초하여 확신한 것이다.

그런데 펜을 내려놓으며 이런 생각이 들었다. '결국 이건가? 이걸로 끝인가? 이게 다란 말인가?' 거기서 그만 길이 막힌 심정이었다. 그때 마침, 언젠가 한 그리스도인 친구가 알려 주었던 성경 구절이 떠올랐다. 나는 성경책을 꺼내 얼른 요한복음 1장 12절을 폈다. "그러나 그분을 영접한 사람들, 곧 그분의 이름을 믿는 사람들에게는 하나님의 자녀가 될 권세를 주셨습니다."

이 성경 구절에 하나님의 자녀가 되는 공식이 나와 있다. '믿는다+영접한다(받는다)=된다.' 그 순간 나는 예수께서 하나님의 유일한 아들임을 믿는 것도 중요하지만 그것만으로는 부족함을 깨달았다. 그분은 십자가에서 나 대신 죽으심으로써 내 과거와 현재와 미래의 모든 죗값을 치르셨고, 용서와 영생을 사서 값없이 선물로 주셨다. 하지만 내 쪽에서 그 선물을 받아야 했다. 그래야만 나는 하나님의 자녀가 되는 것이었다.

나는 당장 침대 옆에 털썩 무릎을 꿇고는 여태껏 부도덕하게 살아온 삶을 죄다 쏟아 내며 고백했다. 그 순간 나는 그리스도를 통하여 완전한 용서를 받았고, 그 순간 하나님의 자녀가 되었다.

번갯불이 번쩍였다든지 하나님의 응답이 귀로 들렸다든지 찌르르 하고 무슨 감각이 느껴졌던 것은 아니다. 어떤 사람들은 그럴 때 감정이 솟구친다지만 나는 다른 것 때문에 기분이 상쾌해졌다. 내게 솟구친 것은 이성이었다.

"내가 너희 육신으로부터 돌과 같이 굳은 마음을 없애고"

다음 순간 나는 아내 레슬리가 알면 좋아할 거라는 생각이 들었다. 그래서 방에서 나와 복도를 지나 부엌을 들여다보았다. 아내는 개수대 앞에 있었고 만으로 다섯 살이 되어 가는 딸 앨리슨이 아내 앞에 서 있었다. 앨리슨은 까치발을 하고 수도꼭지를 만지고 있었다. 그날 처음으로 거기에 손이 닿았던 것이다.

"아빠, 이것 좀 봐요. 손이 닿아요! 제 손이 닿아요!" 딸이 큰 소리로 말했다.

"와, 대단한데!" 나는 아이를 덥석 끌어안아 주었고 아이는 얼른 빠져나갔다.

나는 아내를 보며 말했다. "여보, 지금 내 기분이 바로 저래. 오랫동안 그분께 닿으려고 손을 뻗었는데 오늘 드디어 닿았거든. 예수님은 부활하여 살아 계셔. 방금 막 그분께 내 삶을 드렸어."

레슬리는 와락 울음을 터뜨리며 내 목을 끌어안았다. "여보, 난 정말 막막했었어요." 아내가 울먹이며 말했다. "내가 처음 그리스도인이 되었을 때 교회에서 만난 여자들에게 이런 말을 했어요. '제 남편은 가망이 없을 것 같아요. 남편은 〈시카고트리뷴〉지 법률 쪽 편집자인데 아주 완고하고 냉정한 사람이거든요. 절대로 예수 그리스도께 무릎을 꿇지 않을 거예요.'"

그러자 그중 하나가 아내의 어깨를 팔로 감싸며 이렇게 말해 주었다고 한다. "레슬리, 가망 없는 사람이란 없어요." 그러면서 여자들은 아내에게 구약성경의 한 구절을 보여 주었다. 에스겔 36장 26절 말씀이었다. "내가 너희에게 새로운 마음을 주고 너희 안에 새로운 영을 줄 것이다. 내가 너희 육신으로부터 돌과 같이 굳은 마음을 없애고 너희에게 살처럼 부드러운 마음을 줄 것이다."

나는 몰랐지만, 아내는 내가 영적인 탐구 여정에 올랐던 2년 내내 이 구절을 가지고 나를 위해 기도했다. 그 일요일 오후를 기점으로 하나님은 아내의 기도에 응답하신 것이다. 하룻밤 사이에 다 된 것은 아니고 내가 하나님께 점점 더 삶을 열어 드리면서 차차 이루어졌다.

그때부터 내 성격이 변하기 시작했다. 내 가치관과 도덕성과 태도와 철학과 세계관과 대인 관계와 우선순위도 달라졌다. 시간이 가면서 내 삶 전체가 변했다. 물론 좋은 쪽으로 말이다.

사람이 어찌나 확 달라졌던지 어린 딸도 알아차릴 정도였다. 생각해 보라. 그때까지 앨리슨이 알던 아빠는 집에 없거나 걸핏하면 화내는 사람, 저속하고 술에 찌든 사람, 말투가 사납고 자아도취에 빠진 사람이었다. 그러던 아빠가 전과 다르게 하나님의 길로 행하는 모습이 다섯 살 난 어린아이의 눈에도 보였던 것이다. 딸아이는 학자를 인터뷰한 적도 없고 역사서를 분석한 적도 없고 고고학을 공부한 적도 없지만, 하나님이 자기 아빠한테 미치고 계신 긍정적인 영향만은 똑똑히 볼 수 있었다.

마침내 어느 날 딸아이가 자기 주일학교 교사와 엄마에게 차례로 이렇게 말했다. "하나님이 아빠한테 해 주신 일을 나한테도 해 주셨으면 좋겠어요."

그것은 "하나님이 사람들에게 이런 긍정적인 변화를 일으키시는 분이라면 나도 따르고 싶어요!"라는 말이나 마찬가지였다. 그래서 딸아이는 다섯 살 때 예수를 따르는 사람이 되었다. 현재 앨리슨은 활기가 넘치는 그리스도인, 여러 권의 기독교 소설을 펴낸 작가, 기독교 아동 도서를 쓰는 신학교 졸업생의 아내, 그리고 내 소중한 두 손녀의 엄마다. 앨리슨과 나는 절친한 친구다.

내 아들 카일(Kyle)도 마찬가지다. 아들 역시 예수를 따르는 사람이 되어 학부에서 성경학을 공부한 뒤 종교철학과 신약성경으로 석사 학위를 받았고, 지금은 스코틀랜드 애버딘 대학교에서 신학박사 과정을 밟고 있다. 아들의 인생 목표는 예수를 따라 살아가도록 사람들을 돕는 것이다.

하나님은 나와 내 아내와 아들과 딸을 변화시켜 주셨다. 그것이 내 이야기다.

그렇다면 당신은 어떤가?

당신의 판결은?

다시 믿음의 공식으로 돌아가 보자. 믿는다+영접한다(받는다)=된다. 만일 당신이 아직 믿지 않는 사람이라면, 나처럼 해 보라고 권하고 싶다. 당신도 나처럼 증거를 철저히 조사해 보라.

늘 마음을 열어 둘 것과 이 일을 당신의 삶에서 최우선의 문제로 삼을 것을 당부하고 싶다. 그리고 증거가 충분해지면 당신도 판결을 내리기로 미리 결심해 두라. 성경 예레미야 29장 13절에 이런 약속이 있다. "너희가 너희의 온 마음으로 나를 찾을 때 너희가 나를 찾고 나를 발견할 것이다."

어쩌면 당신은 이미, 예수께서 스스로 신의 자격이 있음을 부활로 입증하신 것을 믿고 있는지도 모른다. 물론 지엽적인 의문 하나하나까지 아직

다 답을 얻지는 못했을 수도 있다. 하지만 우리가 어떤 대상을 안다고 할 때, 꼭 그 대상을 전부 알아야만 하는 것은 아님을 잊지 말라. 당신은 예수께서 하나님의 아들로 자처하셨고, 무덤에서 살아나심으로 그 주장을 입증하셨다는 것만은 확실히 알고 있을 것이다. 그렇다면 일단 지금은 그것으로 충분하다.

이제 당신이 하나님의 자녀가 되려면 회개와 믿음의 기도를 통하여 예수를 당신의 구주와 주님으로 - 당신을 용서하시고 인도하시는 분으로 - 영접하는 일만 남았다. 당신도 내가 1981년 11월 8일에 예수께 말씀 드린 것과 같은 내용으로 말씀 드리면 된다.

> 주 예수님, 그동안 제 삶은 정말 주님이 원하시는 삶과는 거리가 멀었습니다. 사실 저는 헤아릴 수 없이 많은 죄를 지었고, 그래서 정말 죄송합니다. 이제 저의 길에서 벗어나 주님의 길로 행하고 싶습니다. 주님이 하나님의 유일한 아들로서 저의 죄를 위하여 죽으셨고 다시 살아나셨음을 최선을 다해 믿습니다. 이제 제 손을 내밀어 주님이 값없이 주시는 용서와 영생의 선물을 받습니다. 제가 하나님과 화해하고 하나님의 자녀가 되게 하시려고 주님이 십자가에서 제 모든 죄의 형벌을 치러 주셨으니 감사합니다. 이제부터 주님이 원하시는 삶을 살도록 저의 삶을 인도하여 주소서. 이 순간 이후로 저는 주님의 것입니다.

부록

—

다른 세 복음서에는
부활이 어떻게 기록되어 있나

마태가 기록한 예수의 죽음과 부활

마태복음 26장, 27장, 28장

예수를 죽일 음모

26 예수께서 이 모든 말씀들을 끝마친 후에 제자들에게 말씀하셨습니다.

²"너희도 알다시피 이틀만 있으면 유월절이다. 그때 인자는 넘겨져 십자가에 못박힐 것이다."

³그 무렵 대제사장들과 백성의 장로들은 가야바라 하는 대제사장의 관저에 모여

⁴교묘하게 예수를 체포해 죽일 음모를 꾸미고 있었습니다.

⁵그러나 그들은 "백성들이 소동을 일으킬지도 모르니 명절 기간에는 하지 맙시다"라고 말했습니다.

예수를 위한 향유

⁶예수께서 베다니에 있는 나병 환자 시몬의 집에 계실 때였습니다.

⁷한 여인이 값진 향유가 가득 든 옥합을 들고 와 식탁에 기대어 음식을 드시는 예수의 머리에 향유를 부었습니다.

⁸제자들은 이것을 보고 분개하며 물었습니다. "왜 향유를 저렇게 낭비하는가?

⁹이 향유를 비싼 값에 팔아 그 돈으로 가난한 사람들을 도울 수 있었을 텐데."

¹⁰이것을 아신 예수께서 말씀하셨습니다. "왜 이 여인을 괴롭히느냐? 이 여인은 내게 좋은 일을 했다.

¹¹가난한 사람들은 항상 너희와 함께 있겠지만 나는 항상 너희 곁에 있는 것이 아니다.

¹²이 여인이 내 몸에 향유를 부은 것은 내 장례를 준비하기 위한 것이다.

¹³내가 진실로 너희에게 말한다. 온 세상 어디든지 복음이 전파되는 곳마다 이 여인이 한 일도 전해져서 사람들이 이 여인을 기억하게 될 것이다."

¹⁴그때 열두 제자 중 하나인 가룟 사람 유다가 대제사장들에게 가서

¹⁵물었습니다. "예수를 당신들에게 넘겨주면 내게 얼마나 주겠소?" 그들은 유다에게 은돈 30을 쳐주었습니다.

¹⁶그때부터 유다는 예수를 넘겨줄 기회를 엿보았습니다.

유월절 식사와 마지막 만찬

[17]무교절 첫날에 제자들이 예수께 와서 물었습니다. "선생님께서 드실 유월절 음식을 어디에서 준비하면 좋겠습니까?"
[18]예수께서 대답하셨습니다. "성안에 들어가 한 사람에게 가서 '우리 선생님께서 말씀하시기를, 나의 때가 가까워졌으니 내가 그대의 집에서 제자들과 함께 유월절을 지키겠다 하십니다'라고 전하라."
[19]그리하여 제자들은 예수께서 지시하신 대로 유월절을 준비했습니다.
[20]저녁이 되자 예수께서 열두 제자와 함께 식탁에 기대어 앉으셨습니다.
[21]모두들 식사를 하고 있을 때에 예수께서 말씀하셨습니다. "내가 진실로 너희에게 말한다. 너희 중 하나가 나를 배반할 것이다."
[22]제자들은 큰 슬픔에 잠겨 저마다 예수께 물었습니다. "주여! 저는 아니겠지요?"
[23]예수께서 대답하셨습니다. "나와 함께 그릇에 손을 넣은 사람이 나를 배반할 것이다.
[24]인자는 자신에 대해 성경에 기록된 대로 가겠지만 인자를 배반하는 그 사람에게는 저주가 있을 것이다! 그는 차라리 태어나지 않는 게 나았을 것이다."
[25]그때 예수를 배반한 유다가 말했습니다. "랍비여! 저는 아니겠지요?" 예수께서 대답하셨습니다. "네가 말했다."
[26]그들이 식사를 하고 있을 때에 예수께서 빵을 들어 감사 기도를 드리신 후 떼어 제자들에게 주면서 말씀하셨습니다. "받아서 먹어라. 이것은 내 몸이다."
[27]그리고 또 잔을 들어 감사 기도를 드리신 후 제자들에게 주시면서 말씀하셨습니다. "너희 모두 이것을 마시라.
[28]이것은 죄 사함을 위해 많은 사람들을 위해 흘리는 내 피, 곧 언약의 피다.
[29]내가 너희에게 말한다. 나는 이제부터 내 아버지의 나라에서 너희와 함께 새 포도주를 마실 그날까지 다시는 포도 열매로 만든 것을 마시지 않을 것이다."
[30]그들은 찬송을 부른 후에 올리브 산으로 향했습니다.

베드로가 부인할 것을 예고하심

[31]그때 예수께서 제자들에게 말씀하셨습니다. "'내가 목자를 치리니 양 떼가 흩어질 것이다'라고 성경에 기록된 대로 오늘 밤에 너희는 모두 나를 버릴 것이다.
[32]그러나 내가 살아난 뒤에 너희보다 먼저 갈릴리로 갈 것이다."
[33]베드로가 대답했습니다. "모두들 주를 버린다 해도 저는 결코 버리지 않겠습니다."

³⁴예수께서 대답하셨습니다. "내가 진실로 네게 말한다. 바로 오늘 밤 닭이 울기 전에 너는 세 번 나를 부인할 것이다."
³⁵그러자 베드로가 외쳤습니다. "주와 함께 죽을지언정 결코 주를 모른다고 하지 않을 것입니다." 그러자 다른 제자들도 모두 똑같이 말했습니다.

겟세마네의 기도

³⁶그때에 예수께서 제자들과 함께 겟세마네라고 하는 곳으로 가서 제자들에게 말씀하셨습니다. "내가 저기에 가서 기도하는 동안 여기 앉아 있으라."
³⁷예수께서 베드로와 세베대의 두 아들을 데리고 가셨습니다. 예수께서는 슬픔에 잠겨 괴로워하셨습니다.
³⁸그때 예수께서 그들에게 말씀하셨습니다. "내 마음이 너무 괴로워 죽을 지경이다. 너희는 여기 머물러 나와 함께 깨어 있도록 하라."
³⁹예수께서 조금 떨어진 곳으로 가셔서 얼굴을 땅에 파묻고 엎드려 기도하셨습니다. "내 아버지, 할 수 있다면 이 잔을 내게서 거둬 주십시오. 그러나 내 뜻대로 하지 마시고 아버지의 뜻대로 하십시오."
⁴⁰그리고 제자들에게 돌아와 보니 그들은 자고 있었습니다. 예수께서 베드로에게 물으셨습니다. "너희가 한 시간도 나와 함께 깨어 있지 못하겠느냐?
⁴¹시험에 들지 않도록 깨어서 기도하라. 마음은 간절한데 육신이 약하구나."
⁴²그리고 예수께서 다시 가서 기도하셨습니다. "내 아버지, 내가 마시지 않고서는 이 잔이 내게서 떠날 수 없다면 아버지의 뜻대로 해 주십시오."
⁴³예수께서 돌아와 보니 제자들은 또 잠이 들어 있었습니다. 그들은 너무 졸려서 눈을 뜰 수 없었습니다.
⁴⁴그래서 예수께서 그들을 두고 또다시 가셔서 세 번째로 똑같은 기도를 하셨습니다.
⁴⁵그러고는 제자들에게 돌아와 말씀하셨습니다. "이제는 자고 쉬라. 보라. 때가 가까이 왔다. 인자가 배반당해 죄인들의 손에 넘겨지게 됐구나.
⁴⁶일어나라. 가자! 보라. 저기 나를 넘겨줄 사람이 가까이 오고 있다."

체포되신 예수

⁴⁷예수의 말씀이 채 끝나기도 전에 열두 제자 중 하나인 유다가 다가왔습니다. 유다 곁에는 대제사장들과 백성의 장로들이 보낸 큰 무리가 칼과 몽둥이로 무장하고 있었습니다.
⁴⁸그리고 예수를 넘겨줄 사람이 그들에게 신호를 보내기로 정해 두었습니다. "내가

입을 맞추는 사람이 바로 그 사람이니 그를 붙잡으시오."

⁴⁹곧바로 유다는 예수께 다가가 "랍비여, 안녕하십니까?"라고 말하며 입을 맞추었습니다.

⁵⁰예수께서 대답하셨습니다. "친구여, 무엇을 하려고 여기에 왔느냐?" 그러자 사람들이 한 발자국 앞으로 나오더니 예수를 붙잡아 체포했습니다.

⁵¹그때 예수의 일행 중 한 사람이 손을 뻗어 자기 칼을 빼고는 대제사장의 종을 내리쳐 그 귀를 잘랐습니다.

⁵²예수께서 그에게 말씀하셨습니다. "네 칼을 칼집에 도로 꽂아라. 칼을 뽑는 사람들은 모두 칼로 망할 것이다.

⁵³내가 내 아버지께 청하면 당장 12군단보다 더 많은 천사들을 보내 주실 수 있다는 것을 너는 모르느냐?

⁵⁴그러나 만일 그렇게 하면 성경에서 이런 일이 마땅히 일어나야 한다고 말한 것이 어떻게 이루어지겠느냐?"

⁵⁵그때에 예수께서 무리에게 말씀하셨습니다. "너희가 강도를 잡듯이 칼과 몽둥이로 나를 잡으러 왔느냐? 내가 날마다 성전에 앉아 가르쳤는데 너희가 그때는 나를 체포하지 않았다.

⁵⁶그러나 이 모든 일은 예언자들의 글을 이루기 위해 일어난 것이다." 그때에 제자들이 모두 예수를 버리고 달아났습니다.

공회 앞에 서신 예수

⁵⁷예수를 체포한 사람들은 예수를 대제사장 가야바에게 끌고 갔습니다. 그곳에는 율법학자들과 장로들이 모여 있었습니다.

⁵⁸베드로는 멀찍감치 예수를 따라가 대제사장 관저의 뜰까지 갔습니다. 그는 들어가 하인들과 함께 앉아서 결말이 어떻게 될지 지켜보았습니다.

⁵⁹대제사장들과 온 공회가 예수께 대한 거짓 증거를 찾아내어 죽이려고 했습니다.

⁶⁰많은 사람들이 나서서 거짓 증언을 했지만 그들은 아무런 증거도 발견하지 못했습니다. 결국 두 사람이 나와

⁶¹주장했습니다. "이 사람이 '내가 하나님의 성전을 헐고 3일 만에 다시 세울 수 있다'고 말했습니다."

⁶²그러자 대제사장이 일어나 예수께 말했습니다. "아무 대답도 안 할 작정이냐? 이 사람들이 너에 대해 이렇게 불리한 진술을 하고 있지 않느냐?"

⁶³그러나 예수께서는 아무 말씀도 하지 않으셨습니다. 대제사장이 예수께 말했습니다. "내가 살아 계신 하나님께 맹세하며 네게 명령하니 우리에게 말해 보아라. 네가 그리스도 하나님의 아들이냐?"

⁶⁴예수께서 대답하셨습니다. "네가 스스로 말했다. 내가 너희에게 말한다. 이제 앞으로는 인자가 권능의 보좌 오른편에 앉아 있는 것과 하늘 구름을 타고 오는 것을 너희가 볼 것이다."

⁶⁵그러자 대제사장은 자기 옷을 찢으며 말했습니다. "이 사람이 하나님을 모독하고 있소! 더 이상 무슨 증인이 필요하겠소? 보시오! 여러분은 지금 하나님을 모독하는 말을 들었소.

⁶⁶여러분은 어떻게 생각하시오?" 그들은 "죽어 마땅합니다!"라고 대답했습니다.

⁶⁷그러자 그들은 예수의 얼굴에 침을 뱉고 주먹으로 그를 때렸습니다. 또 어떤 사람들은 뺨을 때리면서

⁶⁸말했습니다. "그리스도야! 누가 너를 때렸는지 예언자처럼 말해 보아라."

베드로의 부인

⁶⁹그때 베드로는 뜰에 앉아 있는데 한 하녀가 베드로에게 다가와 말했습니다. "당신도 갈릴리 사람 예수와 함께 있었던 사람이군요."

⁷⁰그러나 베드로는 모든 사람들 앞에서 그 말을 부인하며 "네가 도대체 무슨 말을 하는지 나는 모르겠다"고 했습니다.

⁷¹그러고는 대문 있는 데로 나왔는데 또 다른 하녀가 베드로를 보더니 거기 있던 사람들에게 말했습니다. "이 사람도 나사렛 예수와 함께 있었어요."

⁷²베드로는 다시 맹세코 부인하며 "나는 그 사람을 모르오!"라고 했습니다.

⁷³얼마 지나지 않아 거기 서 있던 사람들이 베드로에게 다가와 말했습니다. "당신도 그들 중 한 사람인 것이 틀림없소. 당신의 말씨를 보니 분명하오."

⁷⁴그러자 베드로는 저주하며 "나는 그 사람을 모른다!"라고 맹세했습니다. 바로 그때 닭이 울었습니다.

⁷⁵그제야 베드로는 예수께서 "닭이 울기 전에 네가 세 번 나를 모른다고 할 것이다"라고 하신 말씀이 생각났습니다. 그리고 베드로는 밖으로 나가 한없이 눈물을 쏟았습니다.

빌라도에게 심문받으시는 예수

27 이튿날 새벽 모든 대제사장들과 백성의 장로들은 예수를 죽이기로 결정했습니다.

²그들은 예수를 묶어 끌고 가서 빌라도 총독에게 넘겨주었습니다.

³예수를 배반한 유다는 예수께서 유죄 판결을 받으신 것을 보고 뉘우쳐 은돈 30을 대제사장들과 장로들에게 돌려주며

⁴말했습니다. "내가 죄 없는 사람의 피를 팔아넘기는 죄를 지었소." 그러나 그들이

대답했습니다. "그게 우리와 무슨 상관이오? 당신 일이니 당신이 알아서 하시오."
⁵그러자 유다는 그 돈을 성소에 내던지고 뛰쳐나가 목을 매달아 자살했습니다.
⁶대제사장들은 그 은돈들을 주워 들고 말했습니다. "이것은 피를 흘려 얻은 돈이니 성전 금고에 넣어 두는 것은 옳지 않다."
⁷그래서 그들은 논의 끝에 그 돈으로 토기장이의 밭을 사서 나그네들을 위한 묘지로 삼았습니다.
⁸그래서 오늘날까지도 그 밭을 '피밭'이라 부릅니다.
⁹이로써 예언자 예레미야가 예언한 말씀이 이루어졌습니다. "그들은 은돈 30을, 곧 이스라엘 자손이 값을 매긴 사람의 몸값을 받아
¹⁰토기장이의 밭을 사는 값으로 주었으니 이는 주께서 내게 지시하신 것이다."
¹¹예수께서 총독 앞에 서시자 총독은 예수께 물었습니다. "네가 유대 사람의 왕이냐?" 예수께서 대답하셨습니다. "그대가 그렇게 말했소."
¹²예수께서는 대제사장들과 장로들의 고소를 받고도 아무런 대답을 하지 않으셨습니다.
¹³그러자 빌라도는 예수께 "이 사람들이 여러 가지로 너를 반대하는 증언이 들리지 않느냐?" 하고 물었습니다.

¹⁴그러나 예수께서는 단 한마디도 대답하지 않으셨습니다. 그래서 총독은 매우 이상하게 여겼습니다.

사형선고받으신 예수

¹⁵명절이 되면 무리가 원하는 죄수 하나를 총독이 풀어 주는 관례가 있었습니다.
¹⁶그때에 바라바라는 악명 높은 죄수가 있었습니다.
¹⁷그러므로 빌라도는 모여든 군중에게 물었습니다. "내가 너희에게 누구를 놓아주었으면 좋겠느냐? 바라바냐, 아니면 그리스도라고 하는 예수냐?"
¹⁸빌라도는 그들이 예수를 시기해 자기에게 넘겨준 사실을 알고 있었습니다.
¹⁹빌라도가 재판석에 앉아 있을 때 그의 아내가 이런 전갈을 보내 왔습니다. "당신은 그 의로운 사람에게 상관하지 마세요. 어제 꿈에 제가 그 사람 때문에 몹시 괴로웠어요."
²⁰그러나 대제사장들과 장로들은 무리를 선동해 바라바는 풀어 주고 예수는 죽이라고 요구하게 했습니다.
²¹총독이 그들에게 말했습니다. "두 사람 가운데 누구를 놓아주기 바라느냐?" 무리들은 "바라바!"라고 대답했습니다.
²²"그러면 그리스도라 하는 예수는 내가 어떻게 하면 좋겠느냐?" 하고 빌라도가

물었습니다. 그러자 그들이 모두 대답했습니다. "십자가에 못 박으시오!"

²³빌라도가 물었습니다. "도대체 그가 무슨 악한 일을 했다고 그러느냐?" 그러나 그들은 더 큰 소리로 "십자가에 못 박으시오!" 하고 외쳤습니다.

²⁴빌라도가 자기로서는 어쩔 방도가 없다는 것과 또 폭동이 일어나려는 것을 보고 물을 가져다가 무리들 앞에서 손을 씻으며 말했습니다. "나는 이 사람의 피에 대해 아무 죄가 없다. 이 일은 너희가 책임을 져야 한다."

²⁵그러자 모든 백성들이 일제히 대답했습니다. "그 피에 대한 책임은 우리와 우리 자손들에게 돌리시오!"

²⁶그러자 빌라도는 바라바는 놓아주고 예수는 채찍질한 뒤 십자가에 못 박도록 넘겨주었습니다.

예수를 조롱하는 로마 군인

²⁷총독의 군인들이 예수를 총독 관저로 끌고 가자 총독의 모든 군대가 예수를 둘러쌌습니다.

²⁸그들은 예수의 옷을 벗기고 자주색 옷을 입혔습니다.

²⁹또 가시로 관을 엮어서 예수의 머리에 씌우고는 그 오른손에 갈대를 들게 했습니다. 그리고 그 앞에 무릎을 꿇고 희롱하며 말했습니다. "유대 사람의 왕, 만세!"

³⁰그들은 예수께 침을 뱉고 갈대를 빼앗아 머리를 때렸습니다.

³¹이렇게 희롱하고 나서 군인들은 자주색 옷을 벗기고 예수의 옷을 도로 입혔습니다. 그리고는 십자가에 못 박기 위해 예수를 끌고 나갔습니다.

십자가에 못 박히신 예수

³²성 밖으로 나가는 길에 그들은 시몬이라는 구레네 사람과 마주치게 됐습니다. 그들은 그 사람에게 억지로 십자가를 지고 가게 했습니다.

³³그들은 '골고다' 곧 '해골의 장소'라는 곳에 이르렀습니다.

³⁴거기에서 군인들은 예수께 쓸개 탄 포도주를 주어 마시게 했습니다. 그러나 예수께서 맛보시고 마시지 않으셨습니다.

³⁵군인들은 예수를 십자가에 못 박고 나서 예수의 옷을 두고 제비를 뽑아 나눠 가졌습니다.

³⁶군인들은 거기에 앉아 계속 예수를 지켜보았습니다.

³⁷예수의 머리 위에는 그들이 '유대 사람의 왕 예수'라는 죄패를 써 붙였습니다.

³⁸두 명의 강도도 예수와 함께 십자가에 못 박혔는데, 한 사람은 예수의 오른쪽에,

다른 한 사람은 왼쪽에 달렸습니다.

³⁹지나가던 사람들이 고개를 흔들고 예수께 욕설을 퍼부으며

⁴⁰말했습니다. "성전을 헐고 3일 만에 짓겠다던 사람아! 네 자신이나 구원해 봐라! 어디 네가 하나님의 아들이라면 십자가에서 한번 내려와 봐라!"

⁴¹대제사장들과 율법학자들과 장로들도 마찬가지로 예수를 조롱하며

⁴²말했습니다. "남을 구원한다더니 정작 자기 자신을 구원하지 못하는군! 그가 이스라엘의 왕이니 어디 한번 십자가에서 내려와 보라지. 그러면 우리가 그를 믿어 주겠다.

⁴³그가 하나님을 믿는다고 하니 하나님께서 정말 원하신다면 지금이라도 그를 당장 구원하시겠지. 자기 스스로 '나는 하나님의 아들이다'라고 말했었다."

⁴⁴예수와 함께 십자가에 못 박힌 강도들도 마찬가지로 예수를 모욕했습니다.

숨을 거두신 예수

⁴⁵정오부터 오후 3시까지 온 땅이 어둠으로 뒤덮였습니다.

⁴⁶오후 3시쯤 돼 예수께서 큰 소리로 "엘리 엘리 라마 사박다니"라고 부르짖으셨습니다. 이것은 "내 하나님, 내 하나님, 어째서 나를 버리셨습니까?"라는 뜻입니다.

⁴⁷거기 서 있던 몇 사람들이 이 소리를 듣고 말했습니다. "이 사람이 엘리야를 부르나 보다."

⁴⁸그들 가운데 한 사람이 달려가 해면을 가져다가 신 포도주를 듬뿍 적셔 와서는 막대기에 매달아 예수께 마시게 했습니다.

⁴⁹그러나 다른 사람들은 "가만두어라. 어디 엘리야가 와서 그를 구해 주나 보자"라고 말했습니다.

⁵⁰예수께서 다시 크게 외치신 후 숨을 거두셨습니다.

⁵¹바로 그때, 성전 휘장이 위에서 아래까지 두 쪽으로 찢어졌습니다. 땅이 흔들리며 바위가 갈라졌습니다.

⁵²무덤들이 열렸고 잠자던 많은 성도들의 몸이 살아났습니다.

⁵³그들은 예수께서 부활하신 후에 무덤에서 나와 거룩한 성에 들어가 많은 사람들에게 나타났습니다.

⁵⁴백부장과 그와 함께 예수를 지키고 있던 사람들은 이 지진과 그 모든 사건을 보고 몹시 두려워하며 외쳤습니다. "이분은 참으로 하나님의 아들이셨다!"

⁵⁵거기에는 갈릴리에서부터 예수를 섬기면서 따라온 많은 여자들이 멀찍이 서서 지켜보고 있었습니다.

⁵⁶그들 가운데는 막달라 마리아와 야고보와 요셉의 어머니 마리아와 세베대의 아

들들의 어머니도 있었습니다.

⁵⁷날이 저물자 아리마대 사람 요셉이라는 한 부자가 왔습니다. 그 사람도 예수의 제자였습니다.

⁵⁸요셉이 빌라도에게 가서 예수의 시신을 달라고 청하자 빌라도는 내주라고 명령했습니다.

⁵⁹요셉은 시신을 가져다가 모시 천으로 쌌습니다.

⁶⁰그리고 바위를 뚫어서 만들어 둔 자기의 새 무덤에 예수의 시신을 모신 다음 큰 돌을 굴려 무덤 입구를 막고 그곳을 떠났습니다.

⁶¹막달라 마리아와 또 다른 마리아가 그 무덤 맞은편에 앉아 있었습니다.

⁶²이튿날, 곧 예비일 다음날이 되자 대제사장들과 바리새파 사람들이 빌라도에게 가서

⁶³말했습니다. "총독 각하, 저 거짓말쟁이가 살아 있을 때 '내가 3일 만에 다시 살아날 것이다'라고 말한 것이 기억납니다.

⁶⁴그러니 3일째 되는 날까지는 무덤을 단단히 지키라고 명령해 주십시오. 그렇지 않으면 그의 제자들이 와서 시체를 훔쳐 놓고는 백성들에게 '그가 죽은 사람 가운데서 살아났다'라고 말할지도 모릅니다. 그러면 이번의 마지막 속임수는 처음 것보다 더 나쁜 결과를 가져올 것입니다."

⁶⁵빌라도는 "경비병들을 데려가 무덤을 지키게 하라. 너희가 할 수 있는 한 단단히 무덤을 지키라" 하고 말했습니다.

⁶⁶그리고 그들은 가서 돌을 봉인하고 경비병들을 세워 무덤을 단단히 지키게 했습니다.

부활하신 예수

28 안식일 다음날, 바로 그 주의 첫날 동틀 무렵에 막달라 마리아와 다른 마리아가 무덤을 보러 갔습니다.

²그런데 갑자기 큰 지진이 일어나더니 주의 천사가 하늘에서 내려와 돌을 굴려 내고 그 돌 위에 앉았습니다.

³그 천사의 모습은 번개와 같았고 옷은 눈처럼 희었습니다.

⁴경비병들은 그 천사를 보고 두려워 떨면서 마치 죽은 사람들처럼 됐습니다.

⁵그 천사가 여자들에게 말했습니다. "두려워하지 말라. 너희가 십자가에 못 박히신 예수를 찾고 있는 것을 안다.

⁶예수께서는 여기 계시지 않고 말씀하신 대로 살아나셨다. 여기 와서 예수께서 누워 계셨던 자리를 보라.

⁷그리고 빨리 가서 그분의 제자들에게 '예수께서 죽은 사람 가운데서 살아나셨고, 너희보다 먼저 갈릴리로 가시니 그곳에서 너희가 예수를 보게 될 것이다'라고

말하라. 자, 이것이 내가 너희에게 전하는 말이다."

⁸그러자 여인들은 서둘러 무덤을 떠났습니다. 그들은 두려우면서도 한편으로는 기쁨에 가득 차 제자들에게 알리려고 뛰어갔습니다.

⁹그때 갑자기 예수께서 여인들에게 나타나 말씀하셨습니다. "평안하냐?" 그들은 예수께 다가가 예수의 발을 붙잡고 예수께 절했습니다.

¹⁰그러자 예수께서 그들에게 말씀하셨습니다. "두려워하지 말라. 가서 내 형제들에게 갈릴리로 가라고 전하라. 그곳에서 그들이 나를 만날 것이다."

¹¹그 여인들이 길을 가는 동안 몇몇 경비병들은 성안으로 들어가서 대제사장들에게 일어난 일들을 모두 보고했습니다.

¹²그러자 대제사장들은 장로들과 만나 계략을 꾸미고는 군인들에게 많은 돈을 쥐어 주며 말했습니다.

¹³"'예수의 제자들이 밤중에 와서 우리가 잠든 사이에 시체를 훔쳐 갔다'고 말하라. ¹⁴만약 이 소문이 총독의 귀에 들어가더라도 우리가 잘 말해서 너희에게 문제가 없도록 해 주겠다."

¹⁵그러자 군인들은 돈을 받고 시키는 대로 했습니다. 그래서 이 말이 오늘날까지도 유대 사람들 사이에 널리 퍼지게 된 것입니다.

제자들의 사명

¹⁶열한 제자들이 갈릴리로 가서 예수께서 일러 주신 산에 이르렀습니다.

¹⁷그리고 그들은 예수를 뵙고 경배 드렸습니다. 그러나 어떤 사람들은 의심했습니다.

¹⁸그때 예수께서 다가오셔서 그들에게 말씀하셨습니다. "하늘과 땅의 모든 권세가 내게 주어졌다.

¹⁹그러므로 너희는 가서 모든 민족을 제자로 삼아 아버지와 아들과 성령의 이름으로 세례를 주고

²⁰내가 너희에게 명령한 모든 것을 그들에게 가르쳐 지키게 하라. 보라. 내가 세상 끝 날까지 너희와 항상 함께 있을 것이다."

마가가 기록한 예수의 죽음과 부활

마가복음 14장, 15장, 16장

예수를 죽일 음모

14 유월절과 무교절이 되기 이틀 전이었습니다. 대제사장들과 율법학자들은 어떻게 예수를 체포해 죽일지 궁리하고 있었습니다.

²그들은 "백성들이 소동을 일으킬 수 있으니 명절에는 하지 말자"라고 말했습니다.

³예수께서 베다니 마을에서 '나병 환자 시몬'이라는 사람의 집에서 식탁에 기대 먹고 계시는데 한 여인이 값비싼 순수한 나드 향유가 든 옥합 하나를 가져왔습니다. 그리고 그 여인은 옥합을 깨뜨려 향유를 예수의 머리에 부었습니다.

⁴거기 있던 사람들이 화를 내며 서로 수군거렸습니다. "왜 향유를 저렇게 낭비하는가?

⁵저것을 팔면 300데나리온은 족히 될 텐데. 그 돈을 가난한 사람들에게 주었으면 좋았을 것을." 그러면서 그들은 여인을 심하게 나무랐습니다.

⁶예수께서 말씀하셨습니다. "가만두어라. 어찌해 이 여인을 괴롭히느냐? 이 사람은 내게 좋은 일을 했다.

⁷가난한 사람들이야 항상 너희 곁에 있으니 너희가 원하기만 하면 언제든지 도울 수 있지만 나는 너희 곁에 항상 있는 것이 아니다.

⁸이 여인은 자기가 할 수 있는 일을 했다. 내 몸에 향유를 부어 내 장례를 미리 준비한 것이다.

⁹내가 너희에게 진실로 말한다. 온 세상 어디든지 복음이 전파되는 곳마다 이 여인이 한 일도 전해져서 사람들이 이 여인을 기억하게 될 것이다."

¹⁰그때 열두 제자 가운데 하나인 가룟 유다가 예수를 배반해서 넘겨줄 심산으로 대제사장들에게 갔습니다.

¹¹그들은 유다의 말을 듣고 무척 기뻐하며 그에게 돈을 주기로 약속했습니다. 그래서 유다는 예수를 넘겨줄 기회를 엿보았습니다.

유월절 준비와 만찬

¹²무교절 첫날, 유월절 양을 잡는 날에 제

자들이 예수께 물었습니다. "우리가 주를 위해 어디에 가서 유월절 음식을 준비하는 것이 좋겠습니까?"

¹³그러자 예수께서 제자 두 사람을 보내시며 말씀하셨습니다. "성안으로 들어가면 물동이를 이고 가는 사람을 만날 것이다. 그를 따라가거라.

¹⁴그가 어디로 들어가든지 그 집주인에게 '선생님께서 제자들과 함께 유월절 음식 먹을 방이 어디냐고 물으십니다'라고 말하라.

¹⁵그가 잘 마련해 놓은 넓은 다락방을 보여 줄 것이다. 거기에다 우리를 위해 음식을 준비해 두라."

¹⁶제자들이 떠나 성안으로 들어가 보니 모든 것이 예수께서 말씀하신 그대로였습니다. 그리하여 그들은 유월절을 준비했습니다.

¹⁷그날 저녁이 되자 예수께서 열두 제자들과 함께 그 집에 도착하셨습니다.

¹⁸함께 식탁에 기대어 음식을 나누는 동안 예수께서 말씀하셨습니다. "내가 너희에게 진실로 말한다. 너희 가운데 하나가 나를 배반할 것이다. 그가 지금 나와 함께 먹고 있다."

¹⁹그들은 슬픔에 잠겨 한 사람씩 예수께 물었습니다. "설마 저는 아니지요?"

²⁰예수께서 대답하셨습니다. "12명 가운데 한 사람이다. 지금 나와 한 그릇에 빵을 찍어 먹는 사람이다.

²¹인자는 자신에 대해 성경에 기록된 대로 가겠지만 인자를 배반하는 그 사람에게는 화가 있을 것이다! 그는 차라리 이 세상에 태어나지 않았더라면 좋았을 것이다."

²²그들이 음식을 먹고 있는데 예수께서 빵을 들고 감사 기도를 드리신 후 떼어 제자들에게 나눠 주며 말씀하셨습니다. "이것을 받으라. 이것은 내 몸이다."

²³그리고 나서 예수께서는 잔을 들고 감사 기도를 드리신 후 제자들에게 주셨습니다. 그러자 그들 모두 받아 마셨습니다.

²⁴예수께서 그들에게 말씀하셨습니다. "이것은 많은 사람을 위해 흘리는 내 피, 곧 언약의 피다.

²⁵내가 너희에게 진실로 말한다. 내가 하나님 나라에서 새 포도주를 마시는 그날까지 포도나무에서 난 것을 다시는 마시지 않을 것이다."

²⁶그들은 찬송을 부른 뒤 올리브 산으로 향했습니다.

²⁷예수께서 그들에게 말씀하셨습니다. "너희는 모두 나를 버릴 것이다. 성경에 이렇게 기록돼 있다. '내가 목자를 치리니 양 떼가 흩어질 것이다'

²⁸그러나 내가 살아난 후에 너희보다 앞

서 갈릴리로 갈 것이다."

²⁹베드로가 장담하며 말했습니다. "모든 사람이 주를 저버린다 해도 저는 그렇게 하지 않을 것입니다."

³⁰예수께서 대답하셨습니다. "내가 네게 진실로 말한다. 오늘 밤 닭이 두 번 울기 전에 네가 나를 모른다고 세 번 부인할 것이다."

³¹그러나 베드로는 힘주어 말했습니다. "주와 함께 죽을지언정 결코 주를 모른다고 하지 않을 것입니다." 다른 모든 제자들도 같은 말을 했습니다.

겟세마네 동산에서 기도하심

³²그들은 겟세마네라는 곳으로 갔습니다. 예수께서 제자들에게 "내가 기도하는 동안 여기 앉아 있으라" 하시고

³³베드로와 야고보와 요한만 따로 데리고 가셨습니다. 그리고 매우 근심에 잠겨 괴로워하셨습니다.

³⁴예수께서 그들에게 말씀하셨습니다. "내 마음이 너무 괴로워 죽을 지경이다. 너희는 여기 머물러 깨어 있으라."

³⁵예수께서는 조금 떨어진 곳으로 가셔서 땅에 엎드려 할 수만 있다면 그 순간이 그냥 지나가게 해 주십사 기도하셨습니다.

³⁶예수께서 말씀하셨습니다. "아바 아버지여! 아버지께서는 모든 일이 가능하시니 이 잔을 내게서 거두어 주십시오. 그러나 내 뜻대로 하지 마시고 아버지의 뜻대로 하십시오."

³⁷그리고 나서 제자들에게 돌아와 보시니 그들은 자고 있었습니다. 예수께서 베드로에게 말씀하셨습니다. "시몬아, 자고 있느냐? 네가 한 시간도 깨어 있지 못하겠느냐?

³⁸시험에 들지 않도록 깨어서 기도하여라. 마음은 간절한데 육신이 약하구나."

³⁹예수께서는 다시 한 번 가셔서 똑같은 말씀으로 기도하셨습니다.

⁴⁰그러고는 다시 오셔서 보시니 그들은 또 잠이 들어 있었습니다. 제자들이 너무 졸려 눈을 뜰 수 없었던 것입니다. 그들은 예수께 무슨 말을 해야 좋을지 몰랐습니다.

⁴¹예수께서 세 번째 그들에게 돌아오셔서 말씀하셨습니다. "아직도 졸며 쉬고 있느냐? 이제 됐다. 때가 왔구나. 보라. 인자가 배반당해 죄인들의 손에 넘겨지게 됐다. ⁴²일어나라! 가자! 저기 나를 배반할 자가 오고 있다."

체포되시고 심문받으심

⁴³예수께서 아직 말씀하고 계시는데 열두 제자 가운데 하나인 유다가 나타났습니다. 그 곁에는 칼과 몽둥이로 무장한 사

람들이 함께 있었습니다. 그들은 대제사장들과 율법학자들과 장로들이 보낸 사람들이었습니다.

⁴⁴예수를 넘겨주는 사람이 그들과 신호를 미리 정했습니다. "내가 입을 맞추는 사람이 바로 그 사람이니 그를 붙잡아 단단히 끌고 가시오."

⁴⁵유다는 예수께 곧바로 다가가 "선생님!"하고 입을 맞추었습니다.

⁴⁶그러자 사람들이 예수를 붙잡아 체포했습니다.

⁴⁷그때 옆에 서 있던 사람들 가운데 하나가 자기 칼을 빼더니 대제사장 하인의 귀를 쳐 잘라 버렸습니다.

⁴⁸예수께서 말씀하셨습니다. "너희가 강도에게 하듯이 칼과 몽둥이를 들고 나를 잡으러 왔느냐?

⁴⁹내가 날마다 너희와 함께 있으면서 성전에서 가르칠 때에는 너희가 나를 잡지 않았다. 그러나 이것은 성경을 이루려고 하는 것이다."

⁵⁰제자들은 모두 예수를 버리고 달아났습니다.

⁵¹그런데 한 청년이 맨몸에 베 홑이불을 두르고 예수를 따라가고 있었습니다. 사람들이 그를 붙잡자

⁵²그는 홑이불을 버리고 벌거벗은 채 달아나 버렸습니다.

⁵³그들은 예수를 끌고 대제사장에게로 갔습니다. 대제사장들과 장로들과 율법학자들이 모두 모여들었습니다.

⁵⁴베드로는 멀찌감치 떨어져 예수를 따라가 대제사장 집 뜰에까지 들어갔습니다. 거기서 그는 경비병들 틈에 앉아 불을 쬐고 있었습니다.

⁵⁵대제사장들과 온 공회가 예수를 죽이려고 증거를 찾았지만 아무런 증거도 나오지 않았습니다.

⁵⁶많은 사람들이 예수에 대해 거짓 증거를 댔지만 그들의 증언이 서로 맞지 않았습니다.

⁵⁷그러자 몇몇 사람들이 일어나 예수에 대해 이렇게 거짓으로 증언했습니다.

⁵⁸"우리는 저 사람이 '내가 손으로 지은 이 성전을 헐고 손으로 짓지 않은 다른 성전을 3일 만에 세우겠다'고 하는 소리를 들었습니다."

⁵⁹그러나 이 사람들이 한 증언도 서로 맞지 않았습니다.

⁶⁰그러자 대제사장이 그들 앞에 서서 예수께 물었습니다. "아무 대답도 안할 작정이냐? 이 사람들이 너에 대해 이렇게 불리한 진술을 하고 있지 않느냐?"

⁶¹예수께서는 묵묵히 아무런 대답도 하지 않으셨습니다. 대제사장이 다시 물었습니다. "네가 찬송받으실 하나님의 아들,

그리스도냐?"

⁶²예수께서 대답하셨습니다. "내가 바로 그다. 너희는 인자가 전능하신 분의 오른편에 앉아 있는 것과 하늘 구름을 타고 오는 것을 보게 될 것이다."

⁶³대제사장은 자기 옷을 찢으며 말했습니다. "더 이상 무슨 증인이 필요하겠소? ⁶⁴하나님을 모독하는 저 말을 여러분이 들었는데 어떻게 생각하시오?" 그들은 모두 예수가 사형을 받아야 마땅하다고 정죄했습니다.

⁶⁵어떤 사람들은 예수께 침을 뱉었습니다. 또 예수의 얼굴을 가리고 주먹으로 때리며 말했습니다. "누가 때렸는지 예언자처럼 맞춰 보아라!" 경비병들도 예수를 끌고 가 마구 때렸습니다.

베드로가 예수를 부인함

⁶⁶베드로가 집 안뜰 아래쪽에 있는데 대제사장의 하녀 하나가 다가왔습니다. ⁶⁷하녀는 불을 쬐고 있는 베드로를 보고 가까이서 자세히 살펴보더니 말했습니다. "당신도 나사렛 예수와 한패지요?"

⁶⁸그러나 베드로는 부인했습니다. "네가 지금 무슨 말을 하는지 나는 알지도 못하고 깨닫지도 못하겠다." 그리고 베드로는 문밖으로 나갔습니다.

⁶⁹그 하녀가 거기서 베드로를 보고 둘러서 있던 사람들에게 다시 말했습니다. "이 사람도 저들과 한패예요."

⁷⁰베드로는 다시 부인했습니다. 조금 있다가 옆에 서 있던 사람들이 베드로에게 말했습니다. "너도 분명 저들과 한패가 틀림없어. 갈릴리 사람이잖아."

⁷¹그러나 베드로는 저주하고 맹세하며 말했습니다. "나는 당신들이 말하는 그 사람이 누군지 알지 못하오!"

⁷²바로 그때 닭이 두 번째 울었습니다. 그러자 베드로는 "닭이 두 번 울기 전에 네가 나를 세 번 모른다고 할 것이다" 하신 예수의 말씀이 생각나 엎드려져 울었습니다.

고난당하신 예수

15 새벽이 되자 곧 대제사장들은 장로들과 율법학자들과 온 공회원들과 함께 회의를 소집했습니다. 그리고 그들은 예수를 묶어 끌고 가서 빌라도에게 넘겨주었습니다.

²빌라도가 물었습니다. "네가 유대 사람의 왕이냐?" 예수께서 대답하셨습니다. "그렇다. 네가 말한 대로다."

³대제사장들은 여러 가지로 예수를 고소했습니다.

⁴그러자 빌라도가 다시 예수께 물었습니다. "저 사람들이 너를 여러 가지로 고소

하고 있는데 대답할 말이 없느냐?"

⁵그러나 예수께서는 더 이상 아무 대답을 하지 않으셨습니다. 그래서 빌라도는 이상히 여겼습니다.

⁶명절이 되면 백성들이 요구하는 죄수 하나를 풀어 주는 관례가 있었습니다.

⁷그런데 폭동 때 살인한 죄로 감옥에 갇힌 반란자들 가운데 바라바라는 사람이 있었습니다.

⁸군중들은 빌라도에게 관례대로 죄수 하나를 석방해 달라고 요구했습니다.

⁹빌라도가 물었습니다. "너희는 내가 유대 사람의 왕을 풀어 주기를 바라느냐?"

¹⁰그는 대제사장들이 예수를 시기해서 자기에게 넘겨준 것을 알고 있었습니다.

¹¹그러자 대제사장들은 군중들을 선동해 오히려 바라바를 대신 풀어 줄 것을 요구했습니다.

¹²빌라도가 그들에게 물었습니다. "그렇다면 이 유대 사람의 왕이라는 사람을 내가 어떻게 하면 좋겠느냐?"

¹³사람들이 소리 질렀습니다. "십자가에 못 박으시오!"

¹⁴빌라도가 물었습니다. "도대체 그가 무슨 죄를 지었다고 그러느냐?" 그러나 그들은 더 큰 소리로 외쳤습니다. "십자가에 못 박으시오!"

¹⁵그래서 빌라도는 군중들의 비위를 맞추려고 바라바를 풀어 주었습니다. 빌라도는 예수를 채찍질한 다음 십자가에 못 박도록 넘겨주었습니다.

¹⁶군인들은 예수를 총독 관저 안에 있는 뜰 안으로 끌고 갔습니다. 그리고 그들은 온 부대를 집합시켰습니다.

¹⁷그들은 예수에게 자주색 옷을 입히고 가시관을 엮어 그 머리에 씌웠습니다.

¹⁸그리고는 예수께 "유대 사람의 왕, 만세!"라고 인사하기 시작했습니다.

¹⁹그들은 갈대로 예수의 머리를 계속 때리고 예수께 침을 뱉고 무릎 꿇고 절을 했습니다.

²⁰예수를 이렇게 조롱한 후에 자주색 옷을 벗기고 예수의 옷을 도로 입혔습니다. 그리고는 십자가에 못 박으려고 예수를 끌고 나갔습니다.

십자가에 못 박히심

²¹어떤 사람이 시골에서 오는 길에 그곳을 지나고 있었습니다. 그는 알렉산더와 루포의 아버지인 구레네 사람 시몬이었습니다. 그들은 시몬에게 예수께서 지고 있던 십자가를 강제로 지고 가게 했습니다.

²²군인들은 예수를 '골고다'라는 곳까지 끌고 갔습니다. (골고다는 '해골의 장소'라는 뜻입니다.)

²³그들은 몰약을 탄 포도주를 예수께 주

었습니다. 그러나 예수께서는 받아 마시지 않으셨습니다.

²⁴마침내 군인들은 예수를 십자가에 못 박고 예수의 옷을 나누고 누가 어떤 것을 가질지 제비를 뽑았습니다.

²⁵군인들이 예수를 십자가에 못 박은 것은 아침 9시쯤이었습니다.

²⁶예수의 죄패에는 "유대 사람의 왕"이라고 적혀 있었습니다.

²⁷그들은 예수와 함께 두 명의 강도를 하나는 그분의 오른쪽에, 하나는 그분의 왼쪽에 매달았습니다.

²⁸(없음)

²⁹지나가던 사람들이 고개를 흔들며 욕설을 퍼부었습니다. "아하! 성전을 헐고 3일 만에 짓겠다던 사람아!

³⁰십자가에서 내려와 네 자신이나 구원해 보아라!"

³¹대제사장들도 율법학자들과 함께 예수를 조롱하며 자기들끼리 말했습니다. "남을 구원한다더니 정작 자기 자신은 구원하지 못하는군!

³²그리스도, 이스라엘 왕아! 십자가에서 내려와 보아라! 우리가 보고 믿도록 해 보아라!" 함께 십자가에 매달린 두 사람도 예수를 모욕했습니다.

죽으시고 무덤에 묻히심

³³낮 12시가 되자 온 땅에 어둠이 뒤덮이더니 오후 3시까지 계속됐습니다.

³⁴오후 3시가 되자 예수께서 큰 소리로 부르짖으셨습니다. "엘리 엘리 라마 사박다니?" 이 말은 "내 하나님, 내 하나님, 어째서 나를 버리셨습니까?"라는 뜻입니다.

³⁵가까이 서 있던 몇 사람들이 이 소리를 듣고 말했습니다. "들어 보라. 저 사람이 엘리야를 부른다."

³⁶한 사람이 달려가 해면을 신 포도주에 듬뿍 적셔 막대기에 매달아 예수께 마시게 하며 말했습니다. "보시오. 저가 엘리야를 부르고 있소."

³⁷그때 예수께서 큰 소리를 지르시고 숨을 거두셨습니다.

³⁸그리고 성전의 휘장이 위에서 아래까지 두 쪽으로 찢어졌습니다.

³⁹예수를 마주 보고 서 있던 백부장은 예수께서 이렇게 부르짖으시며 돌아가시는 것을 보고 말했습니다. "이분은 참으로 하나님의 아들이셨다!"

⁴⁰여인들도 멀리서 이 광경을 지켜보고 있었습니다. 그 가운데는 막달라 마리아, 작은 야고보와 요셉의 어머니 마리아, 살로메도 있었습니다.

⁴¹이 여인들은 갈릴리에서 예수를 따르며 섬기던 사람들이었습니다. 그 외에도 예

수를 따라 예루살렘에 온 다른 여인들도 많았습니다.

⁴²이미 날이 저물었는데 그날은 예비일, 곧 안식일 바로 전날이었습니다.

⁴³아리마대 사람 요셉이 용감하게 빌라도에게 가서 예수의 시신을 내어 달라고 요청했습니다. 그는 존경받는 유대 공회원으로 그 자신도 하나님 나라를 기다리는 사람이었습니다.

⁴⁴빌라도는 예수가 벌써 죽었는지 의아하게 생각했습니다. 그래서 백부장을 불러 예수가 벌써 죽었는지 알아보았습니다.

⁴⁵백부장으로부터 죽은 사실을 확인하자 빌라도는 요셉에게 시신을 내주었습니다.

⁴⁶요셉은 고운 모시 천을 사 가지고 와서 예수의 시신을 내려다가 모시로 싸고는 바위를 파서 만든 무덤에 시신을 모셨습니다. 그리고 무덤 입구에 돌을 굴려 막아 놓았습니다.

⁴⁷막달라 마리아와 요셉의 어머니 마리아는 예수의 시신이 놓여지는 곳을 지켜보았습니다.

예수의 부활과 승천

16 안식일이 지난 뒤 막달라 마리아와 야고보의 어머니 마리아와 살로메는 예수의 시신에 바르려고 향품을 사 두었습니다.

²그 주가 시작되는 첫날 이른 아침, 해가 막 돋을 때 여인들은 무덤으로 가고 있었습니다.

³그들이 서로 말했습니다. "무덤 입구에 있는 돌덩이를 누가 굴려 줄까?"

⁴그런데 여인들이 눈을 들어 보니 돌덩이가 이미 옮겨져 있었습니다.

⁵여인들이 무덤에 들어가 보니 흰옷 입은 한 청년이 오른쪽에 앉아 있었습니다. 그들은 깜짝 놀랐습니다.

⁶그러자 그가 말했습니다. "놀라지 말라. 십자가에 못 박히신 나사렛 예수를 찾으러 온 것이 아니냐? 예수께서는 살아나셨다. 이제 여기 계시지 않는다. 여기 예수를 눕혔던 자리를 보라.

⁷자, 이제 가서 그분의 제자들과 베드로에게 전하라. '예수께서 너희보다 앞서 갈릴리로 가실 것이며, 그분의 말씀대로 거기서 너희가 예수를 보게 될 것이다.'"

⁸여인들은 넋을 잃고 벌벌 떨면서 무덤에서 도망쳐 나왔습니다. 너무나 무서워 아무에게 어떤 말도 할 수가 없었습니다.

⁹[예수께서 그 주가 시작되는 첫날 이른 아침, 부활하셔서 맨 처음으로 막달라 마리아에게 나타나셨습니다. 막달라 마리아는 전에 예수께서 일곱 귀신을 쫓아 주신 여인입니다.

¹⁰그녀는 전에 예수와 함께 지내던 사람

들에게 가서 전했습니다. 그들은 슬피 울며 통곡하고 있었습니다.

¹¹그러나 그들은 예수께서 살아나셨다는 소식과 또 마리아가 그분을 직접 보았다는 말을 듣고도 믿지 않았습니다.

¹²그 후에 그들 가운데 두 제자가 시골로 내려가고 있는데 예수께서 전과는 달라진 모습으로 그들 앞에 나타나셨습니다.

¹³이들은 다른 제자들에게 돌아가 이 사실을 알렸지만 이번에도 제자들은 믿지 않았습니다.

¹⁴나중에 예수께서 열한 제자들이 음식을 먹고 있을 때 그들에게 나타나셔서 그들이 믿지 못하는 것과 마음이 굳은 것을 꾸짖으셨습니다. 예수께서 다시 살아나신 후 자신을 보았다는 사람들의 말을 제자들이 믿지 못했기 때문입니다.

¹⁵예수께서 제자들에게 말씀하셨습니다. "너희는 온 세상에 나가서 모든 사람들에게 복음을 전파하라.

¹⁶누구든지 믿고 세례 받는 사람은 구원을 받을 것이요, 누구든지 믿지 않는 사람은 심판을 받을 것이다.

¹⁷믿는 사람들에게는 이런 표적이 따를 것이다. 그들은 내 이름으로 귀신을 내쫓고 새 방언으로 말하며

¹⁸손으로 뱀을 집어 들고 독을 마셔도 아무런 해를 받지 않으며 아픈 사람들에게 손을 얹으면 병이 나을 것이다."

¹⁹주 예수께서 그들에게 말씀하신 후에 하늘로 들려 올라가셔서 하나님의 오른편에 앉으셨습니다.

²⁰그리고 제자들은 곳곳에 다니면서 복음을 전파하는데 주께서 그들과 함께 일하시고 표적들이 나타나게 하셔서 그들이 전하는 말씀이 사실임을 확증해 주셨습니다.]

요한이 기록한 예수의 죽음과 부활

요한복음 12:1-11, 18장, 19장, 20장, 21장

향유를 부은 여인

12 유월절이 시작되기 6일 전에 예수께서 베다니에 도착하셨습니다. 그곳은 예수께서 죽은 사람 가운데서 다시 살리신 나사로가 사는 곳이었습니다. ²그곳에서 예수를 위해 잔치를 베풀었습니다. 마르다는 음식을 날랐고 나사로는 예수와 함께 음식을 먹고 있는 사람들 가운데 함께 있었습니다.
³그때 마리아가 매우 값비싼 향유인 순수한 나드 1리트라를 가져다가 예수의 발에 붓고 자기 머리털로 예수의 발을 닦아 드렸습니다. 집 안은 온통 향내로 가득했습니다.
⁴그때 제자들 중 하나이며 나중에 예수를 배반할 가룟 유다가 말했습니다.
⁵"왜 이 향유를 300데나리온에 팔아 가난한 사람들에게 주지 않고 낭비하는가?"
⁶그가 이렇게 말한 것은 가난한 사람들을 생각해서가 아니었습니다. 그는 돈주머니를 맡고 있으면서 거기에 있는 돈을 훔쳐 가곤 했기 때문입니다.
⁷예수께서 대답하셨습니다. "그대로 두어라. 이 여인은 내 장례 날을 위해 간직해 둔 향유를 쏟은 것이다.
⁸가난한 사람들은 항상 너희와 함께 있지만 나는 항상 너희와 함께 있는 것이 아니다."
⁹유대 사람들의 큰 무리가 예수께서 베다니에 계시다는 것을 알고 몰려왔습니다. 이는 예수뿐 아니라 예수께서 죽은 사람 가운데서 살리신 나사로도 보기 위함이었습니다.
¹⁰대제사장들은 나사로도 죽이려고 모의했습니다.
¹¹그것은 나사로 때문에 많은 유대 사람들이 떨어져 나가서 예수를 믿기 때문이었습니다.

배신당하고 체포되심

18 예수께서 이 기도의 말씀을 하신 뒤 제자들과 함께 기드론 골짜기 건너편으로 가셨습니다. 거기에는 동산이 하나 있었는데 예수와 제자들이 그곳으

로 들어갔습니다.

²그곳은 예수께서 제자들과 가끔 모이던 곳이어서 예수를 배반한 유다도 알고 있었습니다.

³유다는 로마 군인들과 대제사장들과 바리새파 사람들이 보낸 경비병들을 데리고 그곳으로 왔습니다. 그들은 횃불과 등불과 무기를 들고 있었습니다.

⁴예수께서는 자기가 당할 모든 일을 아시고 앞으로 나와 그들에게 물으셨습니다. "너희가 누구를 찾느냐?"

⁵그들이 대답했습니다. "나사렛 사람 예수요." 예수께서 그들에게 말씀하셨습니다. "내가 그 사람이다." 배반자 유다도 그들과 함께 거기에 서 있었습니다.

⁶예수께서 "내가 그 사람이다" 하시자 그들은 뒤로 물러나 땅에 엎드러졌습니다.

⁷예수께서 그들에게 다시 물으셨습니다. "너희가 누구를 찾느냐?" 그러자 그들이 대답했습니다. "나사렛 사람 예수요."

⁸예수께서 대답하셨습니다. "'내가 그 사람이다'라고 말하지 않았느냐? 너희가 나를 찾고 있다면 이 사람들은 보내 주라."

⁹이것은 예수께서 '아버지께서 내게 주신 사람들 중 한 사람도 잃지 않았습니다'라고 하신 말씀을 이루기 위한 것이었습니다.

¹⁰그때 시몬 베드로가 칼을 가지고 있었는데 그가 칼을 빼어 대제사장의 종을 쳐서 오른쪽 귀를 베어 버렸습니다. 그 종의 이름은 말고였습니다.

¹¹그때 예수께서 베드로에게 말씀하셨습니다. "네 칼을 칼집에 꽂아라. 아버지께서 주신 잔을 내가 받아 마셔야 하지 않겠느냐?"

¹²군인들과 천부장과 유대 사람의 경비병들이 예수를 체포했습니다. 그들은 예수를 묶어서

¹³먼저 그해의 대제사장 가야바의 장인인 안나스에게로 끌고 갔습니다.

¹⁴가야바는 전에 '한 사람이 백성들을 위해 죽는 것이 유익하다'라고 유대 사람들에게 조언했던 바로 그 사람입니다.

베드로의 부인과 대제사장의 심문

¹⁵시몬 베드로와 또 다른 제자 한 사람이 예수를 따라갔습니다. 이 제자는 대제사장과 아는 사이였기 때문에 예수와 함께 대제사장 집의 마당 안으로 들어갔습니다.

¹⁶그러나 베드로는 문밖에서 기다려야 했습니다. 대제사장과 아는 사이인 그 제자가 나와서 문지기 하녀에게 말해 베드로를 들어오게 했습니다.

¹⁷문지기 하녀가 베드로에게 물었습니다. "당신도 이 사람의 제자 중 한 사람이지요?" 베드로가 대답했습니다. "나는 아니오."

¹⁸날씨가 추웠기 때문에 종들과 경비병들은 숯불을 피워 놓고 둘러서서 불을 쬐고 있었습니다. 베드로도 불을 쬐며 그들과 함께 서 있었습니다.

¹⁹대제사장은 예수께 그의 제자들과 그의 가르침에 관해 물었습니다.

²⁰예수께서 대답하셨습니다. "나는 세상에 드러내 놓고 말했다. 나는 언제나 모든 유대 사람들이 모여 있는 회당이나 성전에서 가르쳤고 숨어서 말한 것이 아무 것도 없다.

²¹그런데 왜 나를 심문하는 것이냐? 내가 무슨 말을 했는지 내 말을 들은 사람들에게 물어보아라. 그들이 내가 한 말을 알고 있다."

²²예수께서 이렇게 말씀하시자 가까이 있던 경비병 중 하나가 예수의 얼굴을 치며 말했습니다. "네가 대제사장에게 이런 식으로 말해도 되느냐?"

²³예수께서 그에게 대답하셨습니다. "내가 잘못 말한 것이 있다면 그 잘못한 증거를 대 보아라. 그러나 내가 옳은 말을 했다면 어째서 나를 치느냐?"

²⁴그러자 안나스는 예수를 묶은 그대로 대제사장 가야바에게 보냈습니다.

²⁵시몬 베드로는 서서 불을 쬐고 있었습니다. 그때 사람들이 물었습니다. "당신도 예수의 제자 중 한 사람이지요?" 베드로는 부인하며 말했습니다. "나는 아니오!"

²⁶대제사장의 하인들 중 한 사람이 거기 있었는데 그 사람은 베드로가 귀를 벤 사람의 친척이었습니다. "당신이 동산에서 예수와 함께 있는 것을 내가 보지 않았소?"

²⁷베드로는 다시 부인했습니다. 그러자 곧 닭이 울었습니다.

예수께서 빌라도 앞에 서심

²⁸그때 유대 사람들이 예수를 가야바의 집에서 로마 총독의 관저로 끌고 갔습니다. 때는 이른 아침이었습니다. 유대 사람들은 몸을 더럽히지 않고 유월절 음식을 먹기 위해 관저 안에는 들어가지 않았습니다.

²⁹빌라도가 밖으로 나와 그들에게 물었습니다. "너희는 이 사람을 무슨 일로 고소하려는 것이냐?"

³⁰그들이 대답했습니다. "이 사람이 범죄자가 아니라면 총독님께 넘기지도 않았을 것입니다."

³¹빌라도가 말했습니다. "이 사람을 데리고 가서 너희들의 법에 따라 재판하라." 유대 사람들이 빌라도에게 대답했습니다. "우리는 사람을 죽일 권한이 없습니다."

³²이는 예수께서 자기가 당할 죽음에 대해 이야기하신 그 말씀을 이루려는 것이었습니다.

³³그러자 빌라도는 다시 관저로 들어가 예수를 불러다 물었습니다. "네가 유대 사람들의 왕이냐?"

³⁴예수께서 대답하셨습니다. "네가 하는 그 말은 네 생각에서 나온 말이냐? 아니면 나에 대해 다른 사람들이 말해 준 것이냐?"

³⁵빌라도가 대답했습니다. "내가 유대 사람이냐? 네 동족과 대제사장들이 너를 내게 넘겼다. 네가 저지른 일이 대체 무엇이냐?"

³⁶예수께서 말씀하셨습니다. "내 나라는 이 세상에 속한 것이 아니다. 만일 내 나라가 이 세상에 속한 것이라면 내 종들이 싸워 유대 사람들이 나를 체포하지 못하도록 막았을 것이다. 그러나 내 나라는 지금 여기에 속한 것이 아니다."

³⁷빌라도가 말했습니다. "그러면 네가 왕이란 말이냐?" 예수께서 대답하셨습니다. "네 말대로 나는 왕이다. 나는 진리를 증거하려고 태어났으며 진리를 증거하려고 이 세상에 왔다. 누구든지 진리에 속한 사람은 내 말을 듣는다."

³⁸빌라도가 물었습니다. "진리가 무엇이냐?" 빌라도는 이 말을 하고 다시 유대 사람들에게 나가 말했습니다. "나는 이 사람에게서 아무 죄도 찾지 못했다.

³⁹유월절에는 내가 죄수 한 사람을 놓아주는 관례가 있는데 너희들을 위해 '유대 사람의 왕'을 놓아주는 것이 어떻겠느냐?"

⁴⁰그러자 그들이 다시 소리쳤습니다. "그 사람이 아닙니다. 바라바를 놓아주십시오." 바라바는 강도였습니다.

예수께서 십자가 사형선고를 받으심

19 그러자 빌라도는 예수를 데려다가 채찍질했습니다.

²병사들은 가시관을 엮어 예수의 머리에 씌우고 자주색 옷을 입힌 뒤에

³가까이 다가가서 "유대 사람의 왕, 만세!" 하고 소리치며 손바닥으로 얼굴을 때렸습니다.

⁴빌라도는 다시 밖으로 나와 유대 사람들에게 말했습니다. "보라. 내가 예수를 너희들 앞에 데려오겠다. 이는 그에게서 아무 죄도 찾지 못한 것을 너희에게도 알게 하려는 것이다."

⁵예수께서 가시관을 쓰고 자주색 옷을 입고 밖으로 나오자 빌라도가 그들에게 말했습니다. "보라. 이 사람이다."

⁶대제사장들과 경비병들은 예수를 보자 크게 소리쳤습니다. "십자가에 못 박으시

오! 십자가에 못 박으시오!" 빌라도가 대답했습니다. "너희들이 이 사람을 데려다가 십자가에 못 박으라. 나는 그에게서 아무 죄도 찾아낼 수가 없다."

⁷유대 사람들이 빌라도에게 말했습니다. "우리에게 법이 있는데 그 법에 따르면 이 사람은 마땅히 죽어야 합니다. 그가 자기 자신을 가리켜 하나님의 아들이라고 했기 때문입니다."

⁸빌라도는 이 말을 듣고 더욱 두려워서 ⁹관저 안으로 다시 되돌아갔습니다. 빌라도가 예수께 물었습니다. "네가 어디서 왔느냐?" 그러나 예수께서는 아무 대답도 하지 않으셨습니다.

¹⁰그러자 빌라도가 예수께 말했습니다. "내게 말하지 않을 작정이냐? 내가 너를 놓아줄 권한도 있고 십자가에 못 박을 권한도 있다는 것을 알지 못하느냐?"

¹¹예수께서 빌라도에게 대답하셨습니다. "위에서 주지 않으셨더라면 네가 나를 해칠 아무런 권한도 없었을 것이다. 그러므로 나를 네게 넘겨준 사람의 죄는 더 크다."

¹²이 말을 듣고 빌라도는 예수를 놓아주려고 힘을 썼습니다. 그러나 유대 사람들은 소리쳤습니다. "이 사람을 놓아주면 총독님은 가이사의 충신이 아닙니다. 누구든지 자기 자신을 왕이라고 하는 사람은 황제를 반역하는 자입니다."

¹³빌라도는 이 말을 듣고 예수를 끌고 나와서 돌판(히브리 말로는 가바다)이라 불리는 곳에 마련된 재판석에 앉았습니다.

¹⁴이날은 유월절의 예비일이었고 시간은 낮 12시쯤이었습니다. 빌라도가 유대 사람들에게 말했습니다. "보라. 너희들의 왕이다."

¹⁵그러자 그들이 소리쳤습니다. "없애 버리시오! 없애 버리시오! 십자가에 못 박으시오!" 빌라도가 그들에게 물었습니다. "너희들의 왕을 십자가에 못 박으란 말이냐?" 대제사장들이 대답했습니다. "우리에게는 가이사 말고는 다른 왕이 없습니다."

¹⁶마침내 빌라도는 예수를 십자가에 못 박도록 그들에게 넘겨주었습니다. 로마 군인들이 예수를 데리고 나갔습니다.

예수께서 십자가에 못 박히심

¹⁷예수는 자기의 십자가를 지시고 해골(히브리 말로 '골고다')이라는 곳으로 가셨습니다.

¹⁸거기에서 그들이 예수를 십자가에 못 박았습니다. 그리고 다른 두 사람도 예수의 양쪽에 각각 한 사람씩 못 박았습니다.

¹⁹빌라도는 또한 명패도 써서 십자가 위에 붙였습니다. 그 명패에는 '유대 사람의

왕, 나사렛 예수'라고 써 있었습니다.

²⁰예수께서 십자가에 못 박히신 곳이 예루살렘 성 가까이에 있었습니다. 또 그 명패가 히브리어와 라틴어와 그리스어로 각각 쓰였기 때문에 많은 유대 사람들이 이 명패를 읽었습니다.

²¹그러자 유대 사람의 대제사장들이 빌라도에게 말했습니다. "'유대 사람의 왕'이라고 쓰지 말고 '자칭 유대 사람의 왕'이라고 써 주십시오."

²²빌라도가 대답했습니다. "나는 내가 쓸 것을 썼다."

²³군인들은 예수를 십자가에 못 박고 예수의 옷을 넷으로 나눠 각각 하나씩 갖고는 속옷까지 가져갔습니다. 이 속옷은 이음새 없이 위에서 아래까지 통으로 짠 것이었습니다.

²⁴그들이 서로 말했습니다. "이것을 찢지 말고 누가 가질지 제비를 뽑자." 이것은 성경 말씀을 이루려는 것이었습니다. "그들이 내 겉옷을 나눠 가지고 내 속옷을 놓고 제비를 뽑았다."

²⁵예수의 십자가 곁에는 예수의 어머니와 이모와 글로바의 아내 마리아와 막달라 마리아가 서 있었습니다.

²⁶예수께서는 자기의 어머니와 그 곁에 사랑하는 제자가 서 있는 것을 보시고 어머니에게 말씀하셨습니다. "어머니, 보십시오. 당신의 아들입니다."

²⁷그리고 그 제자에게는 "보아라. 네 어머니다"라고 말씀하셨습니다. 그때부터 그 제자는 예수의 어머니를 자기 집에 모셨습니다.

예수께서 숨을 거두시고 무덤에 묻히심

²⁸이후에 예수께서 모든 것이 이루어진 것을 아시고 성경을 이루려고 말씀하셨습니다. "내가 목마르다."

²⁹거기 신 포도주가 담긴 그릇이 있어서 그들은 해면에 포도주를 흠뻑 적신 후 우슬초 줄기에 매달아 올려 예수의 입에 갖다 대었습니다.

³⁰예수께서 신 포도주를 받으시고 말씀하셨습니다. "다 이루었다." 그리고 예수께서는 머리를 떨구시고 숨을 거두셨습니다.

³¹그날은 예비일이었고 그 다음날은 특별한 안식일이었습니다. 유대 사람들은 안식일에 시체를 십자가에 매달아 두고 싶지 않았기 때문에 빌라도에게 시체의 다리를 꺾어서 내려 달라고 요구했습니다.

³²그래서 로마 군인들이 와서 예수와 함께 십자가에 달린 한 사람의 다리를 꺾었고 뒤이어 다른 사람의 다리를 꺾었습니다.

³³그러나 예수께 와서는 이미 죽으신 것을 보고 다리를 꺾지 않았습니다.

³⁴대신에 그중 한 군인이 창으로 예수의

옆구리를 찔렀습니다. 그러자 피와 물이 쏟아져 나왔습니다.
³⁵이는 그 일을 본 사람이 증거한 것입니다. 그의 증거는 참되며 그는 자신의 말이 진실하다는 것을 알고 있습니다. 그는 여러분도 믿게 하려고 증거하는 것입니다.
³⁶이런 일이 일어난 것은 "그 뼈가 하나도 꺾이지 않을 것이다"라고 한 성경을 이루려는 것이었습니다.
³⁷또 다른 성경에서도 말했습니다. "그들은 자기들이 찌른 사람을 쳐다보게 될 것이다."
³⁸이 일이 있은 후 아리마대 사람 요셉이 빌라도에게 예수의 시신을 내어 달라고 간청했습니다. 요셉은 예수의 제자이면서도 유대 사람의 지도자들이 두려워 그 사실을 숨기고 있었습니다. 빌라도가 허락하자 요셉은 가서 예수의 시신을 내렸습니다.
³⁹또 전에 밤중에 예수를 찾아갔던 니고데모도 몰약에 침향을 섞은 것을 100리트라 정도 가져왔습니다.
⁴⁰이 두 사람은 예수의 시신을 모셔다가 유대 사람의 장례 관례에 따라 향품과 함께 고운 삼베로 쌌습니다.
⁴¹예수께서 십자가에 못 박히신 곳에 동산이 있었는데 그 동산에는 아직 사람을 매장한 일이 없는 새 무덤이 하나 있었습니다.
⁴²그날은 유대 사람들의 예비일이었고 그 무덤도 가까이 있었기 때문에 요셉과 니고데모는 예수의 시신을 그곳에 모셨습니다.

부활하심

20 그 주간의 첫날 이른 새벽, 아직 어두울 때에 막달라 마리아가 무덤에 가서 보니 무덤 입구를 막았던 돌이 치워져 있었습니다.
²마리아는 시몬 베드로와 다른 제자 곧 예수께서 사랑하시던 제자에게 달려가서 말했습니다. "사람들이 주의 시신을 무덤 밖으로 가져다가 어디에 두었는지 모르겠습니다."
³그리하여 베드로와 다른 제자가 무덤으로 향했습니다.
⁴두 사람이 함께 달려갔는데 베드로보다 다른 제자가 앞서 달려가 먼저 무덤에 이르렀습니다.
⁵그 다른 제자가 몸을 굽혀 안을 살펴보았는데 고운 삼베만 놓여 있는 것을 보았으나 무덤 안으로 들어가지는 않았습니다.
⁶그때 뒤따라온 시몬 베드로가 도착해 무덤 안으로 들어갔습니다. 그가 들어가 보니 고운 삼베가 놓여 있고
⁷예수의 머리를 감쌌던 수건은 고운 삼베

와 함께 있지 않고 따로 개켜져 있었습니다. ⁸그제야 무덤에 먼저 도착한 그 다른 제자도 안으로 들어가서 보고 믿었습니다.
⁹(그들은 아직도 예수께서 죽은 사람 가운데서 살아나야 한다는 성경을 깨닫지 못하고 있었습니다.)
¹⁰그러고 나서 제자들은 자기들의 집으로 돌아갔습니다.
¹¹그러나 마리아는 무덤 밖에 서서 울고 있었습니다. 마리아가 울다가 몸을 굽혀 무덤 안을 들여다보니
¹²흰옷을 입은 두 천사가 예수의 시신이 있던 자리에 앉아 있었는데 한 천사는 머리 맡에, 또 다른 천사는 발치에 있었습니다.
¹³천사들이 마리아에게 물었습니다. "여인아, 왜 울고 있느냐?" 마리아가 천사들에게 대답했습니다. "사람들이 내 주를 가져다가 어디에 두었는지 모르겠습니다."
¹⁴이 말을 한 후 마리아가 뒤를 돌아보았을 때 예수께서 거기 서 계셨습니다. 그러나 마리아는 그분이 예수이신 줄은 깨닫지 못했습니다.
¹⁵예수께서 마리아에게 말씀하셨습니다. "여인아, 왜 울고 있느냐? 네가 누구를 찾고 있느냐?" 마리아는 그 사람이 동산지기인 줄 알고 말했습니다. "주여, 당신이 그분을 옮겨 놓았거든 어디에다 두었는지 말해 주십시오. 그러면 내가 그분을 모셔 가겠습니다."

¹⁶예수께서 마리아에게 "마리아야!" 하시자 마리아가 돌아서서 히브리어로 "랍오니!" 하고 말했습니다. (이 말은 '선생님'이라는 뜻입니다.)

¹⁷예수께서 마리아에게 말씀하셨습니다. "나를 만지지 마라. 내가 아직 아버지께 올라가지 못했다. 너는 내 형제들에게 가서 '내가 내 아버지 곧 너희 아버지, 내 하나님 곧 너희 하나님께로 올라갈 것이다'라고 말하여라."

¹⁸막달라 마리아는 제자들에게 가서 주를 보았다는 것과 예수께서 자기에게 하신 말씀을 전해 주었습니다.

¹⁹그날, 곧 그 주간의 첫날 저녁에 제자들은 유대 사람들을 두려워해 문들을 걸어 잠그고 모여 있었습니다. 그때 예수께서 오셔서 그들 가운데 서서 말씀하셨습니다. "너희에게 평강이 있을지어다!"

²⁰이렇게 말씀하신 뒤 예수께서는 제자들에게 자신의 손과 옆구리를 보여 주셨습니다. 그러자 제자들은 주를 보고 기뻐했습니다.

²¹예수께서 제자들에게 다시 말씀하셨습니다. "너희에게 평강이 있을지어다! 아버지께서 나를 보내신 것처럼 나도 너희를 보낸다."

²²이 말씀을 하시고 나서 제자들을 향해 숨을 내쉬며 말씀하셨습니다. "성령을 받으라.

²³만일 너희가 누구의 죄든지 용서하면 그 죄는 사함받을 것이요, 용서하지 않으면 그 죄는 그대로 있을 것이다."

예수께서 도마에게 나타나심

²⁴열두 제자 중 하나인 디두모라 불리는 도마는 예수께서 오셨을 때에 제자들과 함께 있지 않았습니다.

²⁵그래서 다른 제자들이 그에게 "우리가 주를 보았소!" 하고 말했으나 도마는 그들에게 "내가 내 눈으로 그분의 손에 있는 못 자국을 보고 내 손가락을 그 못 자국에 넣어 보며 내 손을 그분의 옆구리에 넣어 보지 않는 한 나는 믿을 수 없소" 하고 말했습니다.

²⁶8일 후에 예수의 제자들이 다시 그 집에 모였고 도마도 그들과 함께 거기 있었습니다. 문이 잠겨 있었는데 예수께서 들어와 그들 가운데 서서 말씀하셨습니다. "너희에게 평강이 있을지어다!"

²⁷그리고 나서 예수께서 도마에게 말씀하셨습니다. "네 손가락을 이리 내밀어 내 손을 만져 보고 네 손을 내밀어 내 옆구리에 넣어 보아라. 그리고 믿음 없는 사람이 되지 말고 믿는 사람이 돼라."

²⁸도마가 예수께 대답했습니다. "내 주시며 내 하나님이십니다."

²⁹그러자 예수께서 도마에게 말씀하셨습니다. "너는 나를 보았기 때문에 믿느냐? 보지 않고도 믿는 사람은 복이 있다."

³⁰이 책에는 기록되지 않았지만 예수께서는 제자들 앞에서 다른 많은 표적들을 행하셨습니다.

³¹그러나 이것들이 기록된 목적은 여러분들로 하여금 예수가 그리스도이시며 하나님의 아들이심을 믿게 하고 또 믿어서 예수의 이름으로 생명을 얻도록 하기 위함입니다.

예수께서 제자들에게 나타나심

21 그 후 예수께서는 디베랴 바다에서 제자들에게 다시 자신을 나타내셨는데 그 나타내심은 이러합니다.

²시몬 베드로, 디두모라고 하는 도마, 갈릴리 가나 사람인 나다나엘, 세베대의 두 아들들, 그리고 다른 두 제자가 함께 있었습니다.

³시몬 베드로가 그들에게 "나는 물고기를 잡으러 가겠소" 하고 말하자 그들이 "우리도 같이 가겠소" 하고 말했습니다. 그들은 나가서 배를 탔습니다. 그러나 그날 밤 그들은 물고기를 한 마리도 잡지 못했습니다.

⁴날이 밝아 올 무렵 예수께서 바닷가에서 계셨으나 제자들은 그분이 예수이신 줄 알아보지 못했습니다.

⁵예수께서 제자들에게 "얘들아, 물고기를 좀 잡았느냐?" 하고 물으시자 그들은 "한 마리도 잡지 못했소"라고 대답했습니다.

⁶예수께서 제자들에게 말씀하셨습니다. "그물을 배 오른편에 던져 보라. 그러면 물고기가 잡힐 것이다." 제자들이 그물을 배 오른편에 던지자 물고기가 너무 많이 걸려 그물을 배 안으로 들어 올릴 수가 없었습니다.

⁷예수께서 사랑하시던 제자가 베드로에게 말했습니다. "주이시다!" 시몬 베드로는 "주이시다!"라는 말을 듣자마자 벗어 두었던 겉옷을 몸에 걸치고 물로 뛰어들었습니다.

⁸그러나 다른 제자들은 배를 탄 채 물고기가 가득한 그물을 끌면서 배를 저어 육지로 나왔습니다. 배가 바닷가에서 약 200규빗 정도밖에 떨어져 있지 않았기 때문입니다.

⁹제자들이 육지에 도착해서 보니 숯불을 피워 놓았는데 숯불 위에는 생선이 놓여 있었고 빵도 있었습니다.

¹⁰예수께서 제자들에게 말씀하셨습니다. "너희가 방금 잡은 생선을 좀 가져오라."

¹¹시몬 베드로가 배에 올라 그물을 육지로 끌어내렸습니다. 그물 안에는 큰 물고기가 153마리나 들어 있었습니다. 물고기가 이렇게 많았는데도 그물은 찢어지지 않았습니다.

¹²예수께서 제자들에게 말씀하셨습니다. "와서 아침을 먹으라." 다들 그분이 주이신 줄 알고 있었기 때문에 제자들 중 감히 그분께 "누구십니까?"라고 묻는 사람이 없었습니다.

¹³예수께서 오셔서 빵을 가져다가 제자들에게 나눠 주셨고 이와 같이 생선도 주셨습니다.

¹⁴예수께서 죽은 사람들 가운데서 살아나신 뒤 제자들에게 나타나신 것은 이것이 세 번째였습니다.

예수께서 베드로에게 부탁하심

¹⁵그들이 아침 식사를 끝마치자 예수께서 시몬 베드로에게 말씀하셨습니다. "요한의 아들 시몬아, 네가 이 사람들보다 나를 더 사랑하느냐?" 베드로가 말했습니다. "예 주여, 제가 주를 사랑하는 것을 주께서 아십니다." 예수께서 베드로에게 말씀하셨습니다. "내 어린 양 떼를 먹여라."

¹⁶예수께서 베드로에게 다시 말씀하셨습니다. "요한의 아들 시몬아, 네가 나를 사랑하느냐?" 베드로가 예수께 대답했습니다. "예 주여, 제가 주를 사랑하는 것을 주

께서 아십니다." 예수께서 베드로에게 말씀하셨습니다. "내 양 떼를 쳐라."

¹⁷예수께서 베드로에게 세 번째로 말씀하셨습니다. "요한의 아들 시몬아, 네가 나를 사랑하느냐?" 예수께서 세 번째 "네가 나를 사랑하느냐?"고 물으시자 베드로가 근심하며 말했습니다. "주여, 주께서는 모든 것을 아십니다. 제가 주를 사랑하는 것을 주께서 아십니다." 예수께서 베드로에게 말씀하셨습니다. "내 양 떼를 먹여라. ¹⁸내가 진실로 진실로 네게 말한다. 네가 젊어서는 스스로 옷 입고 원하는 곳으로 다녔지만 늙어서는 남들이 네 팔을 벌리고 너를 묶어 네가 원하지 않는 곳으로 너를 끌고 갈 것이다."

¹⁹예수께서 이렇게 말씀하신 것은 베드로가 어떤 죽음으로 하나님께 영광 돌릴 것인지를 알리기 위함이었습니다. 그러고 나서 예수께서 베드로에게 말씀하셨습니다. "나를 따라라!"

²⁰베드로가 돌아보니 예수께서 사랑하시던 제자가 따라오고 있었습니다. 이 제자는 만찬에서 예수께 기대어 "주여, 주를 배반할 사람이 누구입니까?"라고 물었던 사람이었습니다.

²¹베드로가 그 제자를 보며 예수께 물었습니다. "주여, 이 사람은 어떻게 되겠습니까?"

²²예수께서 베드로에게 대답하셨습니다. "내가 돌아올 때까지 그가 살아 있기를 내가 원한다 한들 그것이 너와 무슨 상관이 있겠느냐? 너는 나를 따라라."

²³이 말씀 때문에 이 제자가 죽지 않을 것이라는 소문이 형제들 사이에 퍼졌습니다. 그러나 예수께서는 그가 죽지 않을 것이라고 하신 것이 아니라 단지 "내가 돌아올 때까지 그가 살아 있기를 내가 원한다 한들 그것이 너와 무슨 상관이 있겠느냐?"고 말씀하신 것뿐이었습니다.

²⁴이 일들을 증거하고 기록한 사람이 바로 이 제자입니다. 우리는 그의 증거가 참되다는 것을 알고 있습니다.

²⁵이 밖에도 예수께서 행하신 다른 일들이 많이 있으나 그 모든 것을 낱낱이 다 기록한다면 이 세상이라도 그 기록한 책들을 다 담아 두지 못할 것입니다.

주

1부
1. 눅 1:1-4.
2. John Ankerberg & John Weldon, *Reading with an Answer* (Eugene, OR: Harvest House, 1997), 272.

3부
1. Gary R. Habermas & Michael R. Licona, *The Case for the Resurrection of Jesus* (Grand Rapids, MI: Kregel, 2004), 1.
2. John Dominic Crossan, 「예수」(*Jesus: a Revolutionary Biography*, San Francisco: HarperCollins, 1991), 145.
3. James D. Tabor, 「예수왕조」(*The Jesus Dynasty*, New York: Simon & Schuster, 2006, 230 (강조 원문).
4. 행 9:26-30; 15:1-35 참조.
5. 고전 15:3-7.
6. 행 13:36-37 참조.
7. First Clement 42:3.
8. Gerd Lu··demann, *What Really Happened to Jesus?* (John Bowden 번역) (Louisville: Westminster John Knox, 1995), 80.
9. Paula Fredriksen, *Jesus of Nazareth* (New York: Vintage, 1999), 264.
10. 고전 9:1; 15:8; 행 9장, 22장, 26장을 참조하라.
11. 막 3:21; 6:3-4; 요 7:3-5 참조.
12. 행 15:12-21; 갈 1:19 참조.
13. 다음 자료들을 참조하라. Josephus 「유대고대사」(*Anti*, 20:200), Hegesippus 「유세비우스의 교회사」2:23에 인용된 말, Clement of Alexandria 「유세비우스의 교회사」 2:1, 23에 인용된 말.
14. 행 2:32.
15. William Ward, *Christianity: A Historical Religion?* (Valley Forge, PA.: Judson, 1972), 93-94.
16. Marcus Borg & N. T. Wright, 「예수의 의미」*The Meaning of Jesus: Two Visions* (San Francisco: HarperSanFrancisco, 1999, 124-125.